# Blender cook book

## 100 SMOOTHIES, COCKTAILS & CO

# La cuisine au blender à la portée de tous

Que vous soyez fin gourmet ou cuisinier occasionnel, le blender est devenu **un ustensile indispensable** ! Équipé d'un bol et d'une lame rotative, il permet de réaliser très **rapidement** toutes sortes de préparations pour toutes les occasions. Les fruits, les légumes, la viande et même la glace peuvent être réduits en liquide ou en purée pour vous permettre de confectionner **facilement** des **jus** ou des **smoothies** rafraîchissants, des **cocktails** chics et détonants ou encore des **soupes** et des **veloutés** réconfortants.

La variété des préparations que vous pouvez effectuer au blender dépend bien sûr des caractéristiques de ce dernier : un moteur plus puissant vous permettra par exemple de mixer plus facilement et en plus grande quantité. Le blender propose généralement plusieurs vitesses permettant de varier l'intensité de mixage : choisissez donc la bonne vitesse en fonction de la recette à réaliser. Certains blender sont équipés d'options supplémentaires comme la fonction « **pulse** » pour augmenter ponctuellement la vitesse de rotation, la fonction « **slow** », très utile pour ajouter de nouveaux ingrédients ou encore la fonction « **Ice crush** » spécialement conçue pour piler la glace.

Amusez-vous avec toutes les fonctionnalités de votre **blender** et adaptez-les à vos recettes !

COCKTAILS - COCKTAILS - COCKTAILS -

C

# COCKTAIL
# A. mûres

COCKTAILS - COCKTAILS - COCKTAILS - COCKTAILS -

**POUR 2 PERSONNES**

**PRÉPARATION : 5 MIN**

7 cl de vodka
3 cl de liqueur de mûre
3 cl de liqueur de fruit de la Passion
5 cl de jus de fruit de la Passion
3 cl de jus de citron
6 cl de Ginger Beer
8 glaçons

Mettez les glaçons dans le bol du blender. Ajoutez la vodka, la liqueur de mûre, la liqueur de fruit de la Passion, le jus de fruit de la Passion et le jus de citron.

Mixez pendant 45 s à forte vitesse.

Versez la préparation dans deux verres, ajoutez la Ginger Beer et dégustez à la paille.

*Conseil :*
*Si votre blender est équipé d'une fonction « Ice crush », utilisez-la pour broyer les glaçons plus facilement.*

# COCKTAIL Douceur

**POUR 2 PERSONNES**

**PRÉPARATION : 10 MIN**

COCKTAILS - COCKTAILS - COCKTAILS - COCKTAILS -

75 g de pomme fraîche
8 cl de yaourt à 0 % de m.g. (70 g)
30 g de miel
5 cl de jus de citron
8 cl de jus de concombre
8 glaçons

Épluchez la pomme, coupez-la en quatre, épépinez-la et coupez la chair en petits dés. Mettez les glaçons dans le bol du blender. Ajoutez les dés de pomme, le yaourt, le miel, le jus de citron et le jus de concombre, puis mixez pendant 1 min à forte vitesse.

Versez dans deux verres et dégustez à la paille.

*Conseils :*

*Hors saison, utilisez des jus pour remplacer les fruits frais. Vous pouvez remplacer le jus de concombre par du jus d'aloe vera (magasin bio).*
*Si votre blender est équipé d'une fonction « Ice crush », utilisez-la pour broyer les glaçons plus facilement.*

# COCKTAIL Île et Elle

**POUR 2 PERSONNES**

**PRÉPARATION : 5 MIN**

4 cl de rhum blanc agricole
4 cl de liqueur de noix de coco
8 cl de jus de poire
2 cl de sirop de violette
2 cl d'extrait de vanille
8 glaçons

Mettez les glaçons dans le bol du blender. Ajoutez le rhum, la liqueur de noix de coco, le jus de poire, le sirop de violette et l'extrait de vanille. Mixez pendant 1 min à forte vitesse.

Versez dans deux verres, mettez deux pailles et dégustez.

*Conseil :*
*Si votre blender est équipé d'une fonction « Ice crush », utilisez-la pour broyer les glaçons plus facilement.*

# COCKTAIL rouge d'agaves

COCKTAILS - COCKTAILS - COCKTAILS - COCKTAILS

**POUR 2 PERSONNES**

**PRÉPARATION : 5 MIN**

75 g de fraises
7 cl de tequila blanco
2 cl de liqueur de cassis
75 g de framboises
2 cl de jus de citron jaune
8 glaçons

Lavez et équeutez les fraises.

Mettez les glaçons dans le bol du blender et ajoutez la tequila, la liqueur de cassis, les fraises, les framboises et le jus de citron. Mixez pendant 1 min à forte vitesse.

Versez dans deux verres et dégustez à la paille.

*Conseils :*

*Hors saison utilisez des jus pour remplacer les fruits frais. Vous pouvez remplacer les framboises par des mûres.*
*Si votre blender est équipé d'une fonction « Ice crush », utilisez-la pour broyer les glaçons plus facilement.*

# COCKTAIL Tendresse

COCKTAILS - COCKTAILS - COCKTAILS - COCKTAILS -

**POUR 2 PERSONNES**

**PRÉPARATION : 5 MIN**

75 g de jus de litchi
75 g de framboises
5 cl de jus d'ananas
30 g de pulpe de fruits de la Passion (5 fruits)
5 cl de jus de fruit de la Passion
8 glaçons

Mettez les glaçons dans le bol du blender et ajoutez le jus de litchi, les framboises, le jus d'ananas ainsi que la pulpe et le jus de fuit de la Passion. Mixez pendant 30 s à forte vitesse.

Versez dans deux verres et dégustez à la paille.

*Conseils :*

*Hors saison vous pouvez utiliser des jus pour remplacer les fruits frais.*
*Si votre blender est équipé d'une fonction « Ice crush », utilisez-la pour broyer les glaçons plus facilement.*

# BLOODY Kaze

**POUR 1 VERRE**

**PRÉPARATION : 10 MIN**

COCKTAILS - COCKTAILS - COCKTAILS - COCKTAILS -

- 20 g de céleri branche
- 20 g de tomates cerises
- 5 cl de vodka
- 2 cl de Cointreau®
- 2 cl de jus de citron jaune
- 1 trait de vinaigre balsamique
- 1 pincée de sel de céleri
- 6 grains de poivre noir
- 3 glaçons

Épluchez le céleri branche et coupez-le en petits morceaux. Lavez les tomates cerises. Mettez les glaçons, le céleri branche, les tomates cerises, la vodka, le Cointreau®, le jus de citron, le vinaigre balsamique et le sel de céleri dans le bol du blender. Mixez pendant 15 s à vitesse moyenne jusqu'à l'obtention d'un liquide homogène. Passez le cocktail à travers une passoire et servez-le dans un verre rempli de glaçons.

Mixez 6 grains de poivre noir jusqu'à l'obtention d'une poudre et parsemez-la sur le cocktail.

# KUTINI

**POUR 1 VERRE**

**PRÉPARATION : 5 MIN**

COCKTAILS - COCKTAILS - COCKTAILS - COCKTAILS -

- 50 g de concombre
- 5 cl de gin
- 2 cl de vermouth dry
- 2 cl de jus de citron jaune
- 1 cl de liqueur de pomme verte
- 1 cl de sucre de canne
- 1 pincée de sel fin
- 1 quartier de pomme verte
- 3 glaçons

Mettez les glaçons ainsi que tous les ingrédients sauf le quartier de pomme dans le bol du blender et mixez pendant 15 s à vitesse moyenne. Passez le cocktail à travers une passoire fine, puis versez-le dans un verre.

Coupez le quartier de pomme en petits morceaux, disposez-les sur le cocktail et servez.

*Conseil :*

*Si votre blender est équipé d'une fonction « Ice crush », utilisez-la pour broyer les glaçons plus facilement.*

# LITTLE Dry

**POUR 1 VERRE**

**PRÉPARATION : 5 MIN**

COCKTAILS - COCKTAILS - COCKTAILS - COCKTAILS -

5 cl de gin
3 cl de jus de pamplemousse
2 cl de d'Apérol®
8 cl de Schweppes tonic®
5 g de gingembre frais
3 glaçons

Mettez les glaçons, le gin, le jus de pamplemousse, l'Apérol® et le Schweppes® dans le bol du blender, puis mixez pendant 15 s à vitesse moyenne. Passez le cocktail à travers une passoire fine et versez-le dans un verre rempli de glaçons.

Hachez le gingembre frais en petits morceaux et disposez-les sur le cocktail.

# SINGLE Sour

**POUR 1 VERRE**

**PRÉPARATION : 5 MIN**

COCKTAILS - COCKTAILS - COCKTAILS - COCKTAILS -

5 cl de single malt whisky
2 cl de sirop d'érable
2 cl de jus de citron
1 spéculoos
3 glaçons

Mettez les glaçons, le whisky, le sirop d'érable et le jus de citron dans le bol du blender et mixez pendant 15 s à vitesse moyenne. Passez le cocktail à travers une passoire fine, puis servez-le dans un verre. Mixez le spéculoos pour le réduire en poudre et saupoudrez-en le cocktail.

*Conseil :*
*Si votre blender est équipé d'une fonction « Ice crush », utilisez-la pour broyer les glaçons plus facilement.*

# TRIPLE 7

**POUR 1 VERRE**

**PRÉPARATION : 5 MIN**

COCKTAILS - COCKTAILS - COCKTAILS - COCKTAILS -

- 2 cl de gin
- 2 cl de vodka
- 2 cl de rhum blanc
- 2 cl de tequila blanche
- 2 cl de Cointreau®
- 2 cl de jus de citron jaune
- 6 cl d'énergie drink
- 4 grains de café

Mettez les glaçons, le gin, la vodka, le rhum, la tequila, le Cointreau®, le jus de citron et l'énergie drink dans le bol du blender. Mixez pendant 15 s à vitesse moyenne.

Passez la préparation à travers une passoire fine, puis versez-la dans un verre rempli de glaçons.

Mixez les grains de café afin d'obtenir une poudre et disposez-la sur le cocktail.

*Conseil :*

*Si votre blender est équipé d'une fonction « Ice crush », utilisez-la pour broyer les glaçons plus facilement.*

# BELLINI

**POUR 1 VERRE**

**PRÉPARATION : 5 MIN**

30 g de pêche de vigne + 1 quartier pour la décoration
3 cl de liqueur de pêche
8 cl de prosecco

Épluchez la pêche de vigne et réservez-en 1 quartier pour le dressage. Prélevez 30 g de chair et coupez-la en petits dés. Mettez les dés de pêche, la liqueur de pêche et le prosecco dans le bol du blender. Mixez pendant 15 s à vitesse moyenne. Passez le cocktail à travers une passoire fine, puis versez-le dans un verre à champagne.

Coupez le quartier de pêche en petits morceaux et disposez-les sur le cocktail.

# DOLCE Rosso

COCKTAILS - COCKTAILS - COCKTAILS - COCKTAILS -

**POUR 1 VERRE**

**PRÉPARATION : 5 MIN**

30 g de fraises + 2 fraises pour la décoration
3 cl de liqueur de fraise
8 cl de prosecco

Lavez les fraises et équeutez-les. Réservez 2 fraises entières pour le dressage et coupez le reste en dés.

Mettez les dés de fraises, la liqueur de fraise et le prosecco dans le bol du blender. Mixez pendant 15 s à vitesse moyenne. Filtrez le cocktail à travers une passoire fine, puis versez-le dans un verre remplis de glaçons.

Coupez les fraises réservées en petits morceaux et disposez-les sur le cocktail.

# LUNA Chiaro

**POUR 1 VERRE**

**PRÉPARATION : 5 MIN**

COCKTAILS - COCKTAILS - COCKTAILS - COCKTAILS -

30 g de litchis + 2 litchis pour la décoration
3 cl de liqueur de litchi
8 cl de prosecco

Épluchez les litchis et dénoyautez-les. Réservez 2 litchis pour le dressage et mettez le reste dans le bol du blender. Ajoutez la liqueur de litchi et le prosecco et mixez pendant 15 s à vitesse moyenne. Filtrez le cocktail à travers une passoire fine, puis versez-le dans un verre rempli de glaçons.

Coupez les 2 litchis restants en petits morceaux et disposez-les sur le cocktail.

# PASSION
## Exotica

**POUR 1 VERRE**

**PRÉPARATION : 5 MIN**

COCKTAILS - COCKTAILS - COCKTAILS - COCKTAILS -

5 cl de jus de fruit de la Passion
2 cl de liqueur de fruit de la Passion
8 cl de prosecco
1 fruit de la Passion

Mettez le jus et la liqueur de fruit de la Passion dans le bol du blender. Ajoutez le prosecco et mixez pendant 15 s à vitesse moyenne. Filtrez le cocktail à travers une passoire fine et versez-le dans un verre rempli de glaçons.

Ouvrez le fruit de la Passion et déposez la pulpe sur le cocktail.

# ROSSINI

**POUR 1 VERRE**

**PRÉPARATION : 5 MIN**

COCKTAILS - COCKTAILS - COCKTAILS - COCKTAILS -

30 g de framboises + 4 framboises pour la décoration
3 cl de liqueur de framboise
8 cl de prosecco

Réservez 4 framboises pour le dressage et mettez le reste avec la liqueur de framboise et le prosecco dans le bol du blender. Mixez pendant 15 s à vitesse moyenne.

Filtrez le cocktail à travers une passoire fine et versez-le dans un verre à champagne.

Coupez les framboises réservées en petits morceaux et disposez-les sur le cocktail.

# COSMO-
# politan

**POUR 1 VERRE**

**PRÉPARATION : 5 MIN**

COCKTAILS - COCKTAILS - COCKTAILS - COCKTAILS -

5 cl de vodka
3 cl de triple sec
3 cl de jus de cranberry
2 cl de jus de citron jaune frais
Une petite grappe de groseilles
8 glaçons

Mettez les glaçons, la vodka, le triple sec, le jus de cranberry et le jus de citron dans le bol du blender. Fermez bien l'appareil et mixez pendant 15 s à vitesse moyenne. Passez le cocktail à travers une passoire fine et versez-le dans un verre rempli de glaçons.

Décorez d'une petite grappe de groseilles.

*Conseil :*
*Si votre blender est équipé d'une fonction « Ice crush », utilisez-la pour broyer les glaçons plus facilement.*

# FRENCH 75

**POUR 1 VERRE**

**PRÉPARATION : 5 MIN**

COCKTAILS - COCKTAILS - COCKTAILS - COCKTAILS -

5 cl de gin
2 cl de jus de citron jaune
2 cl de sucre de canne liquide
2,5 cl de champagne
5 g de zeste de citron vert
8 glaçons

Mettez les glaçons, le gin, le jus de citron, le sucre de canne et le champagne dans le bol du blender. Mixez pendant 15 s à vitesse moyenne. Filtrez le cocktail à l'aide d'une passoire et versez-le dans un verre rempli de glaçons.

Coupez le zeste de citron vert en petits morceaux et disposez-les sur le cocktail.

*Conseil :*
*Si votre blender est équipé d'une fonction « Ice crush », utilisez-la pour broyer les glaçons plus facilement.*

# MOJITO

**POUR 1 VERRE**

**PRÉPARATION : 5 MIN**

COCKTAILS - COCKTAILS - COCKTAILS - COCKTAILS -

5 cl de rhum blanc
20 g de menthe fraîche
(une quinzaine de feuilles)
1 c. à s. de cassonade
2 cl de sucre de canne liquide
2,5 cl de champagne
6 glaçons

Mettez les glaçons, le rhum, 10 feuilles de menthe, la cassonnade, le sucre de canne et le champagne dans le bol du blender. Mixez pendant 15 s à vitesse moyenne.

À l'aide d'une passoire, filtrez le cocktail et versez-le dans un verre rempli de glaçons.

Hachez les 5 feuilles de menthe restantes en petits morceaux et disposez-les sur le cocktail.

*Conseil :*
*Si votre blender est équipé d'une fonction « Ice crush », utilisez-la pour broyer les glaçons plus facilement.*

# SOB

**POUR 1 VERRE**

**PRÉPARATION : 5 MIN**

- 5 cl de vodka
- 2 cl de liqueur de pêche
- 2 cl de liqueur de framboise
- 3 cl de jus d'ananas
- 3 cl de jus de cranberry
- 3 framboises
- 1 morceau d'ananas
- 6 glaçons

Mettez les glaçons, la vodka, la liqueur de pêche, la liqueur de framboise, le jus d'ananas et le jus de cranberry dans le bol du blender. Mixez pendant 15 s à vitesse moyenne.

À l'aide d'une passoire, filtrez le cocktail et versez-le dans un verre rempli de glaçons.

Coupez les framboises et l'ananas en petits morceaux et disposez-les sur le cocktail.

*Conseil :*
*Si votre blender est équipé d'une fonction « Ice crush », utilisez-la pour broyer les glaçons plus facilement.*

# STRAW-BERRY frozen

COCKTAILS - COCKTAILS - COCKTAILS - COCKTAILS

**POUR 1 VERRE**

**PRÉPARATION : 5 MIN**

100 g de fraises + 4 fraises pour la décoration
5 cl de tequila blanche
2,5 cl de Cointreau®
2,5 cl de jus de citron jaune
5 glaçons

Lavez les fraises et équeutez-les. Réservez-en 4 pour le dressage et coupez le reste en dés.

Mettez les glaçons, les dés de fraise, la tequila, le Cointreau® et le jus de citron dans le bol du blender. Mixez pendant 15 s à vitesse moyenne.

À l'aide d'une passoire, filtrez le cocktail et versez-le dans un verre rempli de glaçons.

Coupez les 4 fraises restantes en morceaux et disposez-les sur le cocktail.

*Conseil :*
*Si votre blender est équipé d'une fonction « Ice crush », utilisez-la pour broyer les glaçons plus facilement.*

# 25 Avenue

**POUR 1 VERRE**

**PRÉPARATION : 5 MIN**

- 30 g de fraises fraîches
- 20 g de groseilles
- 5 cl de cachaça
- 2 cl de Cointreau®
- 9 feuilles de menthe fraîche
- 5 cl de jus de cranberry
- 1 pincée de poivre gris
- 3 glaçons

Lavez les fraises et équeutez-les. Mettez les glaçons, les fraises entières, les groseilles, la cachaça, le Cointreau®, 3 feuilles de menthe, le jus de cranberry et le poivre gris dans le bol du blender. Mixez pendant 15 s à vitesse moyenne. Passez le cocktail à travers une passoire, puis versez-le dans un verre rempli de glaçons.

Mixez 6 feuilles de menthe jusqu'à en obtenir de la poudre et disposez-la sur le cocktail.

*Conseil :*
*Si votre blender est équipé d'une fonction « Ice crush », utilisez-la pour broyer les glaçons plus facilement.*

# CHAMPS Élysées

COCKTAILS - COCKTAILS - COCKTAILS - COCKTAILS

35 g de litchis
1 trait de sirop de rose
30 g de framboises
5 cl de gin
5 cl de champagne
5 pétales de rose
3 glaçons

**POUR 1 VERRE**

**PRÉPARATION : 5 MIN**

Épluchez et dénoyautez les litchis.

Mettez les glaçons, le sirop de rose, les litchis, les framboises, le gin et le champagne dans le bol du blender. Mixez pendant 15 s à vitesse moyenne. Filtrez le cocktail à l'aide d'une passoire fine et versez-le dans un verre rempli de glaçons

Mixez 5 pétales de rose jusqu'à l'obtention d'une poudre. Disposez-la sur le cocktail.

*Conseil :*
*Si votre blender est équipé d'une fonction « Ice crush », utilisez-la pour broyer les glaçons plus facilement.*

# CŒUR d'opéra



**POUR 1 VERRE**

**PRÉPARATION : 5 MIN**

3 cl de sirop de jasmin
5 cl de chocolat noir fondu
2 cl de Grand Marnier®
2 cl de crème de cacao brun
2 cl de cognac
1/4 de cookie au chocolat
3 glaçons

Mettez les glaçons, le sirop de jasmin, le chocolat noir fondu, le Grand Marnier®, la crème de cacao brun et le cognac dans le bol du blender. Mixez pendant 15 s à vitesse moyenne.

À l'aide d'une passoire fine, filtrez le cocktail et versez-le dans un verre rempli de glaçons.

Concassez le cookie au chocolat et disposez les morceaux sur le cocktail.

*Conseil :*
*Si votre blender est équipé d'une fonction « Ice crush », utilisez-la pour broyer les glaçons plus facilement.*

# EIFFEL flower

**POUR 1 VERRE**

**PRÉPARATION : 5 MIN**

COCKTAILS - COCKTAILS - COCKTAILS - COCKTAILS

- 3 cl de sirop de violette
- 30 g de mûres
- 5 cl de vodka fruits rouges
- 2 cl de vodka
- 3 cl de jus de raisin rouge
- 2 cl de jus de citron jaune
- 5 pétales de rose
- 3 glaçons

Mettez les glaçons, le sirop de violette, les mûres, la vodka fruits rouges, la vodka, le jus de raisin et le jus de citron dans le bol du blender. Mixez pendant 15 s à vitesse moyenne.

Filtrez le cocktail à travers une passoire fine et versez-le dans un verre rempli de glaçons.

Coupez grossièrement 5 pétales de rose et disposez-les sur le cocktail.

*Conseil :*

*Si votre blender est équipé d'une fonction « Ice crush », utilisez-la pour broyer les glaçons plus facilement.*

# MISE en Seine

**POUR 1 VERRE**

**PRÉPARATION : 5 MIN**

COCKTAILS - COCKTAILS - COCKTAILS - COCKTAILS -

- 5 cl de rhum brun
- 3 cl de jus de fruit de la Passion
- 3 cl de jus de pêche frais
- 2 cl de liqueur de gingembre
- 1 cl de sirop de vanille
- 1/4 de gousse de vanille
- 1 quartier de pêche
- 3 glaçons

Mettez les glaçons, le rhum, le jus de fruit de la Passion, le jus de pêche, la liqueur de gingembre et le sirop de vanille dans le bol du blender. Mixez pendant 15 s à vitesse moyenne.

À l'aide d'une passoire fine, filtrez le cocktail et versez-le dans un verre rempli de glaçons.

Coupez la gousse de vanille et le quartier de pêche en petits morceaux. Disposez-les sur le cocktail.

*Conseil :*
*Si votre blender est équipé d'une fonction « Ice crush », utilisez-la pour broyer les glaçons plus facilement.*

# J

- JUS & SMOOTHIES - JUS & SMOOTHIES

# JUS D'HERBE

**POUR 4 PERSONNES**

**PRÉPARATION : 10 MIN**

3 branches tendres de céleri
125 g de germes d'alfalfa
2 branches de persil plat
1 branche de menthe
15 cl de jus de pomme
6 glaçons

Épluchez le céleri, rincez-le et coupez-le en morceaux.

Rincez les germes d'alfalfa, le persil et la menthe, puis essorez-les dans du papier absorbant. Retirez les tiges du persil et de la menthe et hachez grossièrement les feuilles. Il vous faut environ 1 c. à s. de chaque herbe.

Mettez les glaçons dans le bol du blender et mixez à forte vitesse.

Réservez un peu de germes d'alfalfa pour la décoration et mettez le reste dans le bol du blender avec le céleri, le persil, la menthe et le jus de pomme. Faites fonctionner l'appareil à vitesse moyenne par pulsions successives, puis passez à la vitesse maximale pour obtenir un mélange homogène.

Répartissez le jus d'herbe dans quatre verres et garnissez-les de quelques germes d'alfalfa.

*Conseil :*
*Si votre blender est équipé d'une fonction « Ice crush », utilisez-la pour broyer les glaçons plus facilement.*

# PETITE INFUSION
## GLACÉE ET PARFUMÉE

JUS & SMOOTHIES

**POUR 4 PERSONNES**

**PRÉPARATION : 20 MIN**

**CUISSON : 5 MIN**

**RÉFRIGÉRATION : 30 MIN**

1 orange
2 branches de menthe
50 cl d'eau minérale non gazeuse
6 étoiles de badiane (anis étoilé)
2 c. à s. de miel
10 glaçons

Rincez l'orange et prélevez son zeste en lanières avec un couteau canneleur. Réservez quelques lanières pour la décoration et le reste pour la préparation de l'infusion. Pressez le fruit et filtrez son jus. Rincez la menthe et effeuillez-la.

Faites frémir l'eau minérale dans une casserole avec les étoiles de badiane et le zeste d'orange pendant 5 min, puis retirez la casserole du feu. Versez alors le jus de l'orange, le miel et les feuilles de menthe. Laissez infuser jusqu'à refroidissement, puis filtrez la tisane. Placez-la au réfrigérateur pour 30 min.

Mettez les glaçons dans le bol du blender et broyez-les en mixant à forte vitesse. Ajoutez la tisane et faites fonctionner l'appareil à vitesse maximale.

Versez la tisane dans quatre verres, garnissez avec quelques lanières de zeste. Servez bien frais.

*Conseil :*

*Si votre blender est équipé d'une fonction « Ice crush », utilisez-la pour broyer les glaçons plus facilement.*

# SODA
## À LA CITRONNELLE, AU GINGEMBRE ET À L'ANANAS

**POUR 4 PERSONNES**

**PRÉPARATION : 10 MIN**

**CUISSON : ENVIRON 15 MIN**

3 tiges de citronnelle
3 cm de gingembre
2 citrons verts
100 g de sucre en poudre
1 l d'eau minérale plate
25 cl de jus d'ananas
50 cl d'eau minérale gazeuse
10 glaçons

Coupez l'extrémité des tiges de citronnelle. Retirez les couches successives pour ne garder que le cœur tendre et coupez-le en morceaux. Pelez le gingembre et râpez-le finement.

Pressez les citrons verts. Versez le jus obtenu dans une casserole, ajoutez le gingembre râpé, la citronnelle, le sucre et l'eau minérale plate. Faites bouillir à feu assez vif, environ 15 min, jusqu'à ce que le liquide réduise de trois quarts. Laissez refroidir et filtrez.

Mettez les glaçons dans le bol du blender et mixez à forte vitesse pour obtenir de la glace pilée. Ajoutez ensuite le sirop et le jus d'ananas, puis faites fonctionner l'appareil à vitesse maximale.

Versez dans les verres autant de jus de fruits que d'eau gazeuse. Décorez avec des tiges de citronnelle ou des demi-rondelles de citron vert.

*Conseils :*
*Conservez le gingembre dans le bac à légumes du réfrigérateur.*
*Si votre blender est équipé d'une fonction « Ice crush », utilisez-la pour broyer les glaçons plus facilement.*

# SMOOTHIE
## POMME, MIEL & CÉRÉALES

**POUR 4 PERSONNES**

**PRÉPARATION : 5 MIN**

JUS & SMOOTHIES - JUS & SMOOTHIES - JUS & SMOOTHIES -

2 pommes de type granny smith
1 yaourt liquide
30 cl de lait demi-écrémé
1 c. à s. de miel liquide
80 g de céréales

Épluchez les pommes, coupez-les en quatre et ôtez les pépins.

Mettez les pommes, le yaourt, le lait et le miel dans le bol du blender. Verrouillez le couvercle et mixez pendant 2 min à vitesse moyenne jusqu'à obtention d'un mélange homogène.

Versez le smoothie ainsi obtenu dans quatre verres et ajoutez les céréales. Mélangez à l'aide d'une cuillère et dégustez sans attendre.

*Conseil :*
***Pour un effet moins acidulé, vous pouvez réaliser cette recette en remplaçant les pommes par des nectarines.***

# SMOOTHIE BIO

**POUR 4 PERSONNES**

**PRÉPARATION : 5 MIN**

JUS & SMOOTHIES - JUS & SMOOTHIES - JUS & SMOOTHIES -

400 g d'abricots
50 cl de lait d'amande
2 c. à s. de sirop d'agave

Lavez les abricots, coupez-les en deux et ôtez les noyaux.

Mettez le lait d'amande, le sirop d'agave et les abricots dans le bol du blender et mixez pendant 2 min à vitesse moyenne afin d'obtenir un mélange homogène. Versez dans quatre verres et servez immédiatement.

*Conseil :*

*Vous pouvez remplacer le lait d'amande par du lait demi-écrémé et le sirop d'agave par du miel.*

# SMOOTHIE EXOTIQUE

JUS & SMOOTHIES

**POUR 4 PERSONNES**

**PRÉPARATION : 5 MIN**

250 g d'ananas
1 banane
20 cl de lait de coco
30 cl de lait demi-écrémé

Épluchez l'ananas, enlevez le cœur et coupez la chair en petits morceaux. Épluchez la banane et coupez-la en rondelles.

Mettez le lait de coco, le lait, les morceaux de banane et les morceaux d'ananas dans le bol du blender. Fermez bien l'appareil et mixez pendant 2 min à vitesse moyenne afin d'obtenir un mélange homogène.

Versez dans quatre verres et servez sans attendre.

*Conseil :*

*Vous pouvez remplacer le lait par du lait de coco pour un smoothie tout coco. Pour plus de fraîcheur, placez le lait de coco au réfrigérateur 2 h avant de réaliser la recette.*

# SMOOTHIE
## FRUITS ROUGES

**POUR 4 PERSONNES**

**PRÉPARATION : 5 MIN**

250 g de fraises
Le jus de 1 orange (10 cl)
1 yaourt
1 c. à s. de cassonnade
200 g de framboises

Lavez les fraises, équeutez-les et coupez-les en morceaux.

Mettez le jus d'orange, le yaourt, le sucre, les fraises et les framboises dans le bol du blender. Mixez pendant 2 min à vitesse moyenne pour obtenir un mélange homogène. Si le mélange ne vous paraît pas assez liquide, ajoutez un peu d'eau.

Répartissez dans quatre verres et servez frais.

*Conseil :*
*Vous pouvez effectuer cette recette en remplaçant les fruits rouges par des pêches ou de l'ananas.*

# MELON
## À L'ANISETTE

**POUR 4 PERSONNES**

**PRÉPARATION ET CUISSON : 15 MIN**

25 cl d'eau minérale non gazeuse
1 bâton de réglisse
2 petits melons bien mûrs
2 c. à s. de pastis ou de boisson anisée
8 glaçons

Portez à ébullition 25 cl d'eau minérale. Coupez le bâton de réglisse en deux, déposez-le dans la casserole et laissez bouillir pendant 2 min. Retirez la casserole du feu et laissez infuser la réglisse jusqu'à ce que le liquide soit froid. Filtrez.

Coupez les melons en deux, retirez les pépins et les filaments avec une cuillère à soupe. Recoupez les melons en tranches, ôtez la peau, puis coupez la pulpe en morceaux.

Déposez les glaçons dans le bol du blender et mixez à forte vitesse pour obtenir de la glace pilée.

Ajoutez le melon, le pastis et l'infusion de réglisse. Mixez à forte vitesse jusqu'à ce que le mélange soit homogène. Servez sans attendre.

*Conseils :*

*Les boissons à base de fruits doivent être servies sans attendre pour éviter qu'elles ne s'oxydent au contact de l'air.*
*Si votre blender est équipé d'une fonction « Ice crush », utilisez-la pour broyer les glaçons plus facilement.*

# MIX
## DE CERISE

**4 PERSONNES**

**PRÉPARATION : 10 MIN**

200 g de cerises
2 boules de sorbet à la cerise
50 cl de jus de canneberge (cranberry)
6 glaçons
Pop-corn sucré

Lavez les cerises et dénoyautez-les.

Mettez les glaçons dans le bol du blender et mixez à forte vitesse pour les broyer. Ajoutez les cerises, le sorbet à la cerise et le jus de canneberge. Mixez à vitesse moyenne par pulsions successives, puis passez à la vitesse maximale pour obtenir un mélange onctueux.

Versez le mix de cerises dans des verres et décorez avec du pop-corn sucré.

*Conseils :*
*Vérifiez qu'il ne reste pas de noyaux qui pourraient endommager le blender.*
*Si votre blender est équipé d'une fonction « Ice crush », utilisez-la pour broyer les glaçons plus facilement.*

# PINA COLADA
## DOUCE

**POUR 4 PERSONNES**

**PRÉPARATION : 15 MIN**

1 ananas de 1 kg
5 c. à s. de sirop de sucre
5 c. à s. de crème de coco
Le jus de 1 citron + 1 c. à s.
10 glaçons
50 g de noix de coco déshydratée râpée

Coupez le plumet de l'ananas et retirez la base. Ôtez la peau avec un grand couteau. Retirez les « yeux » avec la pointe d'un couteau économe, coupez le fruit en quatre de haut en bas et retirez le centre. Taillez la pulpe en morceaux.

Mettez les glaçons dans le bol du blender et mixez à forte vitesse pour obtenir de la glace pilée. Ajoutez ensuite l'ananas, le sirop de sucre, la crème de coco et le jus de 1 citron. Faites fonctionner l'appareil par pulsions successives à forte vitesse, puis à vitesse maximale continue pour obtenir un mélange onctueux. Ajoutez un peu d'eau minérale si la boisson n'est pas assez liquide.

Versez 1 c. à s. de jus de citron dans une soucoupe. Déposez la noix de coco dans une petite assiette. Trempez le tour de chaque verre dans le citron, puis dans la noix de coco.

Versez délicatement la boisson dans les verres, sans toucher au bord, et servez.

*Conseils :*
*Si votre blender est équipé d'une fonction « Ice crush », utilisez-la pour broyer les glaçons plus facilement. La crème de coco, plus épaisse et plus riche que le lait, est vendue en briquettes de 25 cl.*

# PRUNEAUX
## AU THÉ GLACÉ

**POUR 4 PERSONNES**

**PRÉPARATION : 10 MIN**

**REPOS : 1 H + 8 MIN**

50 cl d'eau minérale non gazeuse
2 sachets de thé Earl Grey
8 pruneaux
2 c. à c. de miel
10 glaçons

Faites chauffer l'eau minérale, versez-la sur le thé et laissez infuser 8 min.

Filtrez le thé au-dessus d'une tasse. Ajoutez le miel et mélangez. Plongez les pruneaux dans le thé et laissez-les gonfler pendant au moins 1 h.

Égouttez les pruneaux en conservant le thé et dénoyautez-les.

Mettez les glaçons dans le bol du blender et mixez à forte vitesse pour les broyer. Ajoutez le thé et 4 pruneaux dans le blender, puis mixez à vitesse maximale.

Versez le thé aux pruneaux bien frais dans des verres et garnissez avec un pruneau planté sur un bâtonnet de bois.

*Conseil :*
*Si votre blender est équipé d'une fonction « Ice crush », utilisez-la pour broyer les glaçons plus facilement.*

# VERVEINE
## À LA PÊCHE

JUS & SMOOTHIES - JUS & SMOOTHIES - JUS & SMOOTHIES -

**POUR 4 PERSONNES**

**PRÉPARATION ET CUISSON : 15 MIN**

50 cl d'eau minérale non gazeuse
15 g de verveine ou 3 sachets
4 pêches
2 c. à s. de sucre en poudre
2 tiges de verveine menthe fraîche
6 glaçons

Faites chauffer l'eau minérale plate, versez-la sur la verveine et laissez infuser de 8 à 10 min.

Pendant ce temps, pelez les pêches, dénoyautez-les et coupez-les en morceaux.

Filtrez la verveine et laissez-la refroidir totalement.

Mettez les glaçons dans le bol du blender, et mixez à forte vitesse pour les broyer.

Ajoutez les pêches, le sucre et un peu de verveine. Faites fonctionner l'appareil à vitesse moyenne par pulsions successives, puis ajoutez le reste de verveine et passez à la vitesse maximale.

Répartissez la verveine dans quatre verres. Décorez chaque verre avec des petits bouquets de verveine menthe et servez très frais.

*Conseil :*
*Si votre blender est équipé d'une fonction « Ice crush », utilisez-la pour broyer les glaçons plus facilement.*

# ADE

**POUR 1 VERRE**

**PRÉPARATION : 5 MIN**

JUS & SMOOTHIES - JUS & SMOOTHIES - JUS & SMOOTHIES - JUS & SMOOTHIES -

35 g de sorbet à la cerise
5 cl de jus de cranberry
2 cl de sirop de grenadine
6 cl de Cherry Coke®
20 g de bonbons Coca-Cola® acidulés
1 glaçon

Mettez le glaçon, le sorbet à la cerise, le jus de cranberry, le sirop de grenadine et le Cherry Coke® dans le bol du blender. Fermez bien l'appareil, puis mixez pendant 15 s à vitesse moyenne.

À l'aide d'une passoire, filtrez le jus et versez-le dans un verre.

Coupez les bonbons en petits morceaux et parsemez-en sur le jus.

# BARTENDER SPÉCIAL

**POUR 1 VERRE**

**PRÉPARATION : 5 MIN**

30 g de fraises
30 g de framboises
30 g de pêche
5 cl de jus d'abricot
5 cl de jus d'orange
1 trait d'extrait de vanille
6 cl de ginger ale (soda au gingembre)
20 g de fraises Tagada® ou de fraises fraîches
1 glaçon

Mettez le glaçon, les fraises, les framboises, la pêche, le jus d'abricot, le jus d'orange et l'extrait de vanille dans le bol du blender. Mixez pendant 15 s à vitesse moyenne.

À l'aide d'une passoire, versez le jus dans un verre et ajoutez le ginger ale. Coupez les bonbons ou les fraises en petits morceaux à l'aide d'un couteau et disposez les morceaux sur le jus.

*Conseil :*

*Si votre blender est équipé d'une fonction « Ice crush », utilisez-la pour broyer les glaçons plus facilement.*

# T. RAPIE

**POUR 1 VERRE**

**PRÉPARATION : 5 MIN**

30 g de pêche
10 cl de thé vert
2 c. à c. de guarana en gelée
6 cl de ginger ale (soda au gingembre)
20 g de bonbons « frites » à l'orange
1 glaçon

Épluchez et dénoyautez la pêche.

Mettez le glaçon, le thé vert, la pêche et la guarana en gelée dans le bol du blender. Verrouillez le couvercle et mixez pendant 15 s à vitesse moyenne.

À l'aide d'une passoire, filtrez la préparation et versez-la dans un verre. Ajoutez le ginger ale.

Coupez les bonbons « frites » à l'orange en petits morceaux et disposez-les sur le smoothie.

# VIRGIN COLADA



**POUR 1 VERRE**

**PRÉPARATION : 5 MIN**

70 g de glace à la noix de coco
10 cl de jus d'ananas
1 trait d'extrait de vanille
20 g de bonbons « frites » au citron
1 glaçon

Mettez le glaçon, la glace à la noix de coco, le jus d'ananas et l'extrait de vanille dans le bol du blender. Mixez pendant 15 s à vitesse moyenne.

Passez la préparation à travers une passoire fine, puis versez-la dans un verre rempli de glaçons.

Coupez les bonbons « frites » au citron en petits morceaux et disposez-les sur le smoothie. Dégustez sans attendre.

# WINTER SMOOTHIE

**POUR 1 VERRE**

**PRÉPARATION : 5 MIN**

JUS & SMOOTHIES

1 yaourt à 0 % de m. g.
30 g de pomme
30 g de poire
2 c. à c. de miel d'acacia
20 g de bonbons « pomme tagada »
1 glaçon

Mettez le glaçon, le yaourt, la pomme, la poire et le miel dans le bol du blender. Mixez pendant 15 s à vitesse moyenne. Filtrez le liquide à travers une passoire fine et versez-le dans un verre.

Coupez les bonbons en petits morceaux à l'aide d'un couteau et disposez-les sur le cocktail. Dégustez sans attendre.

# SMOOTHIE
## FRUITS ROUGES, YAOURT & CÉRÉALES

**POUR 4 PERSONNES**

**PRÉPARATION : 5 MIN**

JUS & SMOOTHIES - JUS & SMOOTHIES - JUS & SMOOTHIES -

- 125 g de fraises
- 2 yaourts brassés froids
- 125 g de framboises
- 1 c. à c. de miel liquide
- 50 g de céréales de type muesli

Lavez les fraises et équeutez-les.

Placez les yaourts, les framboises, les fraises et le miel dans le bol du blender. Mixez le tout à vitesse moyenne pendant 30 s, puis 2 min à vitesse maximale.

Versez le smoothie dans quatre verres, ajoutez les céréales et servez.

*Conseils :*

*Si vous préférez un mélange plus liquide, ajoutez un peu de lait froid.*

*Vous pouvez réaliser ce smoothie avec divers fruits comme les pêches, les kiwis... L'important est de le faire avec des fruits juteux et des yaourts bien froids.*

Mom's homemade Muësli

# SHAKES - SHAKES - SHAKES - SHAKES -

S

# Lassi
## À LA MANGUE

**POUR 4 PERSONNES**

**PRÉPARATION : 5 MIN**

SHAKES - SHAKES - SHAKES - SHAKES - SHAKES - SHAKES

10 feuilles de menthe
300 g de mangue
1 yaourt de type yaourt grec
20 cl de lait demi-écrémé
Glaçons (facultatif)

Lavez et effeuillez la menthe. Épluchez la mangue et récupérez la chair tout autour du noyau. Mettez-la dans le bol du blender. Ajoutez les feuilles de menthe, le yaourt et le lait.

Faites fonctionner le blender à petite vitesse pendant 15 s, puis augmentez la vitesse. Mixez pendant 2 min à vitesse maximale jusqu'à obtention d'un mélange homogène.

Versez le lassi dans quatre verres. Ajoutez éventuellement des glaçons afin d'obtenir une boisson très fraîche.

*Conseil :*
*Il est possible d'utiliser d'autres fruits ou de remplacer le lait par du lait de coco.*

# Milkshake
## CHOCOLAT-BANANE

**POUR 4 PERSONNES**

**PRÉPARATION : 5 MIN**

SHAKES - SHAKES - SHAKES - SHAKES - SHAKES -

2 bananes
30 cl de lait demi-écrémé
300 g de glace au chocolat

Épluchez les bananes et coupez-les en petits morceaux.

Mettez le lait, la glace au chocolat et les morceaux de banane dans le bol du blender. Fermez bien l'appareil et mixez 1 min 30 à forte vitesse pour obtenir un mélange homogène.

Versez dans quatre verres et servez immédiatement.

*Conseil :*
*Vous pouvez remplacer la glace au chocolat par de la glace à la vanille ou à la pistache.*

# Lait d'amande
## À L'ABRICOT

**POUR 4 PERSONNES**

**PRÉPARATION : 10 MIN**

**CUISSON : 5 MIN**

50 cl de lait
100 g d'amandes en poudre
50 g de sucre en poudre
8 gros abricots ou 12 petits (500 g)
Quelques graines de lavande
Quelques amandes effilées
6 glaçons

Versez le lait, les amandes en poudre et le sucre dans une casserole. Portez doucement à ébullition, retirez du feu et laissez infuser jusqu'à refroidissement.

Lavez les abricots, essuyez-les, dénoyautez-les et coupez-les en morceaux. Filtrez le lait aux amandes à travers une passoire fine. Réservez le tout.

Mettez les glaçons dans le bol du blender et mixez à forte vitesse pour les broyer. Ajoutez le lait et les abricots, puis faites fonctionner l'appareil par pulsions successives à vitesse moyenne. Passez à la vitesse maximale et mixez jusqu'à l'obtention d'un mélange bien mousseux.

Versez la préparation dans quatre verres et décorez avec les graines de lavande et les amandes effilées.

*Astuce :*
*Si votre appareil est équipé d'une fonction « Ice crush », utilisez-la pour broyer les glaçons plus facilement.*

# Lait de coco
## À LA BANANE ET TAPIOCA

**POUR 4 PERSONNES**

**PRÉPARATION : 5 MIN**

**CUISSON : 15 MIN**

SHAKES - SHAKES - SHAKES - SHAKES - SHAKES

- 60 cl de lait de coco
- 40 g de tapioca
- 4 bananes
- 50 g de sucre

Versez 50 cl de lait de coco dans une casserole et portez à ébullition. Jetez le tapioca dans le lait de coco bouillant et faites cuire pendant environ 15 min, en remuant fréquemment, jusqu'à ce que les billes de tapioca deviennent translucides et soient gonflées. Retirez du feu et laissez tiédir.

Pelez les bananes et coupez-les en morceaux. Mettez les bananes dans le bol du blender avec le sucre et 10 cl de lait de coco. Faites fonctionner l'appareil par pulsions à vitesse moyenne pour obtenir une purée un peu liquide.

Versez la purée de banane dans des verres, puis ajoutez le lait de coco au tapioca. Servez tiède.

# Lait de noisette
## AU CHOCOLAT ET SA NOUGATINE

SHAKES - SHAKES - SHAKES - SHAKES -

**POUR 4 PERSONNES**

**PRÉPARATION : 10 MIN**

**CUISSON : 10 MIN**

- 50 cl de lait
- 100 g de noisettes en poudre
- 100 g de chocolat à cuire
- 2 boules de glace vanille
- 100 g de noisettes entières
- 50 g de pistaches décortiquées
- 120 g de sucre en poudre
- 6 glaçons

Faites bouillir le lait avec les noisettes en poudre. Éteignez le feu et laissez infuser jusqu'à refroidissement. Filtrez et réservez.

Cassez le chocolat en morceaux et faites-le fondre au bain-marie. Versez dans le bol du blender le chocolat fondu, la moitié du lait noisette et les 2 boules de glace vanille, puis mixez à vitesse moyenne. Ajoutez le reste de lait et passez à la vitesse maximale. Réservez le mélange et rincez le bol du blender.

Préparez alors la nougatine : hachez les noisettes entières et les pistaches. Mettez le sucre avec 3 c. à s. d'eau dans une casserole et faites chauffer jusqu'à l'obtention d'un caramel doré. Versez-le sur du papier cuisson, parsemez-le de noisettes et de pistaches. Laissez durcir à température ambiante. Cassez la nougatine obtenue en morceaux.

Au moment de servir, broyez les glaçons au blender à forte vitesse. Ajoutez le lait chocolaté et mixez à vitesse maximale. Servez le lait noisette dans quatre verres, puis décorez avec les morceaux de nougatine.

*Conseil :*

*Si votre appareil est équipé d'une fonction « Ice crush », utilisez-la pour broyer les glaçons plus facilement.*

# Lait de poule
## À LA PÊCHE

**POUR 4 PERSONNES**

**PRÉPARATION : 10 MIN**

- 4 pêches bien mûres
- 3 œufs frais (bio de préférence)
- 3 c. à s. de miel
- 50 cl de lait glacé
- 2 yaourts nature
- 1 pincée de cannelle

Pelez les pêches, dénoyautez-les et coupez-les en morceaux.

Mettez-les dans le bol du blender, puis ajoutez successivement le miel et les œufs. Verrouillez le couvercle avant de mixez à vitesse moyenne.

Ajoutez alors le lait très froid, les yaourts et la cannelle. Mixez à vitesse maximale, jusqu'à l'obtention d'un mélange bien homogène.

Répartissez le lait de poule dans quatre verres et servez bien frais.

*Conseil :*

*Ne sortez le lait qu'au moment de l'utilisation : il doit être bien froid lors du passage au blender.*

# Lait de soja
## AU CHOCOLAT ET AUX DEUX ORANGES

SHAKES - SHAKES - SHAKES - SHAKES - SHAKES -

**POUR 4 PERSONNES**

**PRÉPARATION ET CUISSON : 15 MIN**

**RÉFRIGÉRATION : 15 MIN**

150 g de chocolat noir
50 cl de lait de soja
8 bâtonnets d'écorce d'orange confite
1 orange
100 g de sucre en poudre
6 glaçons

Cassez le chocolat en morceaux et faites-le fondre au bain-marie. Versez la moitié du chocolat fondu dans le bol du blender. Ajoutez le lait de soja en 2 fois et mixez à vitesse maximale.

Trempez les bâtonnets d'écorce d'orange un par un dans le reste du chocolat fondu et déposez-les sur une plaque couverte de papier cuisson. Mettez au réfrigérateur 15 min.

Lavez l'orange, essuyez-la et prélevez son zeste en fines lanières avec un couteau zesteur. Versez le sucre dans une casserole, ajoutez 15 cl d'eau et remuez sans arrêt jusqu'à ce que le sucre soit dissout. Portez à ébullition, baissez le feu, ajoutez les lanières de zeste et laissez-les confire pendant 5 min. Égouttez-les.

Mettez les glaçons dans le bol du blender et broyez-les à forte vitesse. Ajoutez le lait chocolat et mixez à vitesse maximale.

Répartissez le lait dans quatre verres et décorez avec les zestes confits. Servez très frais, avec les orangettes.

*Conseil :*
*Si votre blender est équipé d'une fonction « Ice crush », utilisez-la pour broyer les glaçons plus facilement.*

# Lait meringué à la framboise

**POUR 4 PERSONNES**

**PRÉPARATION : 5 MIN**

SHAKES - SHAKES - SHAKES - SHAKES - SHAKES -

25 cl de lait
300 g de framboises
400 g de lait concentré sucré
4 petites meringues
10 glaçons

Mettez les glaçons dans le bol du blender, verrouillez le couvercle et mixez à forte vitesse.

Ajoutez les framboises, le lait et le lait concentré. Faites fonctionner l'appareil quelques secondes par pulsions successives à forte vitesse, puis passez à la vitesse maximale pour obtenir un mélange homogène.

Écrasez grossièrement les meringues. Versez le lait dans des verres, décorez avec les meringues en morceaux et servez sans attendre.

*Conseil :*
*Si votre blender est équipé d'une fonction « Ice crush », utilisez-la afin de broyer les glaçons plus facilement.*

# Lait secoué
## À LA GUIMAUVE

SHAKES - SHAKES - SHAKES - SHAKES - SHAKES -

**POUR 4 PERSONNES**

**PRÉPARATION : 10 MIN**

**CUISSON : 5 MIN**

20 cl de crème liquide
2 bandes de guimauve
ou 50 g de fraises tagada
6 glaçons
2 yaourts
1 c. à s. de jus de citron
Sucre de couleur

Faites chauffer la crème liquide. Coupez la guimauve en morceaux avec des ciseaux et faites-la dissoudre dans la crème chaude en remuant. Laissez refroidir, filtrez, puis mettez quelques minutes au congélateur pour que le mélange soit bien froid.

Mettez les glaçons dans le bol du blender et mixez à forte vitesse pour les broyer. Ajoutez la crème à la guimauve et les yaourts. Faites fonctionner l'appareil à vitesse maximale jusqu'à ce que le mélange devienne onctueux.

Versez le jus de citron dans une soucoupe. Étalez le sucre de couleur dans une autre. Trempez les bords de chaque verre dans le jus de citron puis dans le sucre de couleur.

Versez le lait secoué dans les quatre verres sans toucher aux bords et servez sans attendre.

*Conseil :*
*Si votre blender est équipé d'une fonction « Ice crush », utilisez-la pour broyer les glaçons plus facilement.*

# Lassi
## À LA FRAISE ET À L'EAU DE ROSE

**POUR 4 PERSONNES**

**PRÉPARATION : 10 MIN**

250 g de fraises
4 yaourts grecs nature au lait de brebis
3 ou 4 c. à c. de miel
1 c. à c. d'eau de rose
6 glaçons

Lavez rapidement les fraises à l'eau froide, égouttez-les sur du papier absorbant, puis retirez le pédoncule.

Mettez les glaçons dans le bol du blender et mixez à forte vitesse pour obtenir de la glace pilée.

Ajoutez ensuite les yaourts, le miel, les fraises et l'eau de rose. Faites fonctionner l'appareil à vitesse maximale jusqu'à l'obtention d'un mélange onctueux et mousseux.

Répartissez le lassi dans quatre verres et servez rapidement.

*Conseils :*
*Ne laissez pas tremper les fraises car elles se gorgeraient d'eau.*
*Si votre blender est équipé d'une fonction « Ice crush », utilisez-la afin de broyer les glaçons plus facilement.*

# Petit déjeuner PROTÉINÉ

**POUR 4 PERSONNES**

**PRÉPARATION : 10 MIN**

SHAKES - SHAKES - SHAKES - SHAKES - SHAKES

400 g de myrtilles
200 g de muesli
4 yaourts nature (ou à la vanille)
4 c. à s. de miel

Vérifiez que les myrtilles sont toutes équeutées et saines, rincez-les à l'eau fraîche et épongez-les sur du papier absorbant.

Mettez le muesli et 2 yaourts dans le bol du blender. Verrouillez le couvercle et faites fonctionner l'appareil quelques secondes à vitesse moyenne.

Ajoutez ensuite les myrtilles, les deux autres yaourts et le miel. Mixez par pulsions successives à vitesse moyenne, puis passez à la vitesse maximale pour obtenir un mélange homogène.

Répartissez la préparation dans quatre verres et servez sans attendre.

# Chocolat chaud

**POUR 4 PERSONNES**

**PRÉPARATION : 10 MIN**

**CUISSON : 5 MIN**

150 g de chocolat pâtissier
50 cl de lait demi-écrémé

Concassez le chocolat et faites-le fondre au bain-marie. Mettez-le dans le bol du blender. Ajoutez le lait, et mixez par pulsions successives à petite vitesse. Augmentez la vitesse progressivement jusqu'à l'obtention d'un liquide bien homogène.

Versez le contenu du blender dans une casserole et faites chauffer. À frémissements, retirez du feu, versez dans quatre bols et servez sans attendre.

*Conseil :*

***Pour un résultat moins chocolaté, vous pouvez diminuer la quantité de chocolat ou utiliser du chocolat à croquer.***

Victor Hugo
Kléber
Franklin D. Roosevelt
Boissière
Alma Marceau
Champs Élysées Clemenceau
Iéna
Trocadéro
Madeleine
Pont de l'Alma
Invalides
La Tour Maubourg
Champ de Mars Tour Eiffel
Septembre
Bourse
Sentier
Réaumur Sébastopol
Métiers
Pyramides
Étienne Marcel
Louvre Rivoli
Les Halles
Châtelet Les Halles
Rambuteau
Hôtel de Ville
Chemin Vert
Pont Neuf
Châtelet
Cité
St-Paul
Bastille
Pont Marie
Saint Germain
St-Michel Notre-Dame
St-Michel
St-Ambroise
Voltaire
Père Lachaise
Philippe Auguste
Alexandre Dumas
Avron
Buzenval
Maraîchers
Gambetta
Pelleport
St-Fargeau
Porte de Bagnolet
Bolivar
Botzaris

# Milkshake
## À LA BANANE

**POUR 4 PERSONNES**

**PRÉPARATION : 5 MIN**

2 bananes
50 cl de lait demi-écrémé froid
10 g de miel liquide
1 boule de glace vanille

Épluchez les bananes, coupez-les en morceaux et mettez-les dans le bol du blender. Ajoutez le lait, le miel et la boule de glace vanille.

Actionnez le blender et mixez à vitesse maximale pendant 2 min afin d'obtenir une consistance lisse et mousseuse.

Versez dans quatre verres et servez immédiatement.

WELCOME
N.Y.C.

# Crème glacée
## CERISE PISTACHE

SHAKES - SHAKES - SHAKES - SHAKES - SHAKES

**POUR 4 PERSONNES**

**PRÉPARATION : 10 MIN**

**RÉFRIGÉRATION : 3 H**

350 g de cerises
300 g de crème fraîche épaisse
70 g de sucre glace
80 g de pistaches

Lavez les cerises et ôtez les queues et les noyaux. Mettez-les dans un sac congélation ou dans une boîte hermétique et placez-les au congélateur pendant 3 h.

Mettez les cerises congelées dans le bol du blender, puis ajoutez la crème fraîche et le sucre glace. Actionnez le blender à petite vitesse d'abord, puis augmentez la vitesse. Arrêtez le blender de temps en temps pour rabattre le mélange à l'aide d'une spatule. Mixez pendant 1 min à vitesse maximale jusqu'à l'obtention d'un mélange lisse.

Versez la crème glacée dans quatre bols et ajoutez les pistaches. Servez et dégustez sans attendre.

*Conseil :*
*Cette crème glacée doit être réalisée et dégustée à la minute, elle ne se conserve pas.*

# Frozen yogurt
## À LA FRAMBOISE

POUR 4 PERSONNES

PRÉPARATION : 5 MIN

SHAKES - SHAKES - SHAKES - SHAKES - SHAKES -

450 g de yaourt grec
2 c. à s. de miel liquide
300 g de framboises surgelées

Mettez le yaourt et le miel dans le bol du blender. Verrouillez le couvercle, mixez à petite vitesse pendant 1 min en incorporant petit à petit les framboises par l'ouverture du couvercle. Une fois toutes les framboises ajoutées, mixez à une vitesse plus élevée pendant 1 min.

Versez le frozen yogurt dans quatre bols et dégustez immédiatement.

*Conseil :*
*Ce dessert est à déguster à la minute, il ne se conserve pas.*

# Pêche melba
## À BOIRE

**POUR 4 PERSONNES**

**PRÉPARATION : 5 MIN**

4 pêches en conserve
250 g de glace à la vanille
15 cl de crème liquide
10 cl de sirop de groseille

Coupez les pêches en petits morceaux.

Mettez la glace à la vanille, les morceaux de pêche et la crème liquide dans le bol du blender. Mixez pendant 1 min 30 à forte vitesse jusqu'à l'obtention d'un mélange homogène.

Versez le mélange dans quatre verres et ajoutez un trait de sirop de groseille. Servez immédiatement et dégustez à la paille.

*Conseil :*
*Préparez ce dessert au moment de le servir.*

# Soupe de fruits
## À LA MENTHE

SHAKES - SHAKES - SHAKES - SHAKES - SHAKES -

**POUR 4 PERSONNES**

**PRÉPARATION : 15 MIN**

**RÉFRIGÉRATION : 1 H**

2 oranges
1 citron
100 g de fraises
2 kiwis
2 pêches
1 bouquet de menthe
75 g de sucre en poudre

Pressez les oranges et le citron afin d'en extraire le jus. Lavez les fraises, équeutez-les et coupez-les en quatre. Épluchez les kiwis et les pêches et détaillez-les en dés. Lavez et effeuillez le bouquet de menthe.

Versez le jus des agrumes dans le bol du blender, ajoutez le sucre, quelques morceaux de fraises et une dizaine de feuilles de menthe. Mixez à petite vitesse d'abord, puis augmentez la vitesse et mixez 1 min jusqu'à l'obtention d'un mélange lisse.

Mettez tous les dés de fruits restants dans un saladier et recouvrez du jus obtenu. Ajoutez quelques feuilles de menthe. Recouvrez le saladier de film alimentaire et mettez-le au réfrigérateur pendant au moins 1 h avant de servir.

*Conseil :*
*Les oranges peuvent être remplacées par des pamplemousses.*

# Douceur
## À LA MYRTILLE

**POUR 4 PERSONNES**

**PRÉPARATION : 10 MIN**

**CUISSON : 10 MIN**

SHAKES - SHAKES - SHAKES - SHAKES - SHAKES

40 cl de crème liquide
400 g de myrtilles
60 g de sucre en poudre

Mettez la crème liquide au congélateur ainsi que la jatte et le fouet à utiliser, pour que le tout soit très froid.

Rincez les myrtilles, épongez-les et retirez éventuellement les petites queues. Mettez les fruits dans une casserole avec le sucre et faites-les cuire une dizaine de minutes. Laissez refroidir.

Mettez la moitié des myrtilles dans le bol du blender, verrouillez le couvercle et faites fonctionner l'appareil à vitesse moyenne par pulsions successives pour réduire les fruits en purée.

Versez la crème dans la jatte froide. Fouettez-la, lentement d'abord puis, quand la crème commence à augmenter de volume, passez à la vitesse supérieure. Fouettez jusqu'à ce qu'elle devienne bien ferme.

Incorporez la purée de myrtilles et le reste des fruits à la crème fouettée, très délicatement, avec une cuillère à soupe.

Répartissez la préparation dans des coupelles ou dans des verres et servez sans attendre.

# Soupe de papaye
## AU LAIT DE COCO

SHAKES - SHAKES - SHAKES - SHAKES - SHAKES - SHAKES

**POUR 4 PERSONNES**

**PRÉPARATION : 10 MIN**

1 papaye
1 citron vert
40 cl de lait de coco
40 g de sucre en poudre
20 g de noix de coco râpée
8 glaçons

Coupez la papaye en deux et retirez les graines noires avec une cuillère. Ôtez la peau du fruit et coupez-le en morceaux. Pressez le citron vert et filtrez son jus.

Mettez les glaçons dans le bol du blender, verrouillez le couvercle et mixez à forte puissance pour les broyer.

Ajoutez les morceaux de papaye, le lait de coco, le jus de citron vert et le sucre. Faites fonctionner l'appareil à vitesse moyenne par pulsions successives, puis passez à la vitesse maximale pour obtenir un mélange onctueux.

Répartissez la soupe dans des coupes ou dans des verres et saupoudrez de noix de coco râpée. Servez ce dessert très frais.

*Astuce :*
*Si votre blender est équipé d'une fonction « Ice crush », utilisez-la pour broyer les glaçons plus facilement.*

# Soupe de poire
## À LA CANNELLE

**POUR 4 PERSONNES**

**PRÉPARATION : 10 MIN**

- 4 poires bien mûres
- 1/2 citron
- 1/2 c. à c. de cannelle en poudre
- 2 c. à s. de sirop d'érable
- 4 tranches de pain d'épices
- 10 glaçons

Pelez les poires, retirez-en le cœur et coupez-les en morceaux. Pressez le demi-citron et filtrez son jus.

Mettez les glaçons dans le bol du blender, verrouillez le couvercle et mixez à forte puissance pour les broyer.

Ajoutez les poires, le jus de citron, la cannelle et le sirop d'érable. Faites fonctionner l'appareil à vitesse moyenne par pulsions successives, puis passez à la vitesse maximale pour obtenir un mélange homogène.

Tranchez le pain d'épices en bâtonnets de 2 cm de large.

Répartissez la soupe dans quatre verres et servez ce dessert bien frais avec les mouillettes de pain d'épices.

*Conseils :*

*Pour changer et ne pas faire de mouillettes, émiettez 2 tranches de pain d'épices et faites-les dorer dans une poêle avec 20 g de beurre, pendant 3 min. Saupoudrez-en la soupe.*
*Si votre blender est équipé d'une fonction « Ice crush », utilisez-la pour broyer les glaçons plus facilement.*

# Soupe
## DE TOMATE À LA FRAISE ET MENTHE POIVRÉE

SHAKES - SHAKES - SHAKES - SHAKES - SHAKES -

**POUR 4 PERSONNES**

**PRÉPARATION : 10 MIN**

**RÉFRIGÉRATION : 2 H**

200 g de tomates
400 g de fraises mara des bois
50 g de sucre en poudre
1 branche de menthe poivrée

Pelez les tomates, coupez-les en quatre et épépinez-les.

Lavez rapidement les fraises, épongez-les sur du papier absorbant et ôtez les pédoncules.

Mettez les tomates, la moitié des fraises et le sucre dans le bol du blender et verrouillez le couvercle. Faites fonctionner l'appareil à vitesse moyenne par pulsions successives, puis passez à la vitesse maximale pour obtenir un mélange homogène. Réservez au frais.

Au moment de servir, coupez en deux les fraises restantes, répartissez-les dans quatre assiettes et versez la soupe dessus. Décorez avec les feuilles de menthe.

# Soupe
## DE FRAISE

**POUR 5 PERSONNES**

**PRÉPARATION : 5 MIN**

**CUISSON : 5 MIN**

600 g de fraises
20 g de miel d'acacia
40 cl d'eau
20 feuilles de menthe fraîche

Passez rapidement les fraises sous l'eau pour les nettoyer, puis équeutez-les à l'aide d'un petit couteau.

Mettez-les dans une casserole, puis ajoutez le miel et l'eau. Faites chauffez le tout 5 min à 60 °C et retirez du feu. Versez le contenu de la casserole dans le bol du blender et mixez à forte vitesse pendant 1 min.

Laissez refroidir la soupe à température ambiante, puis répartissez-la dans des verres. Au moment de servir, hachez les feuilles de menthe fraîche et ajoutez-les sur la soupe.

*Conseil :*

*Il est préférable de ne pas mettre la menthe pendant la cuisson, elle risquerait de perdre son goût.*
*Cette soupe peut très bien être réalisée avec des framboises ou un mélange de fruits rouges.*

# Yaourt au cheesecake citron

**POUR 4 PERSONNES**

**PRÉPARATION : 5 MIN**

SHAKES - SHAKES - SHAKES - SHAKES - SHAKES - SHAKES -

- 1 citron
- 2 yaourts natures
- 10 cl de crème fleurette entière bien froide
- 100 g de fromage Philadelphia® ou Saint-Môret®
- 3 c. à s. de sucre en poudre
- 1/2 c. à c. de vanille liquide
- 2 pincées de noix de muscade
- 6 glaçons

Pressez le citron et filtrez le jus obtenu.

Mettez les glaçons dans le bol du blender, verrouillez le couvercle et mixez à forte vitesse pour les broyer.

Ajoutez successivement les yaourts, la crème fleurette, le fromage, le sucre, le jus de citron et la vanille. Mixez à forte vitesse jusqu'à l'obtention d'un mélange onctueux.

Répartissez le mélange dans quatre verres. Saupoudrez de noix de muscade et servez très frais.

*Conseil :*

*Accompagnez ce yaourt bien frais de spéculoos ou de petits sablés et décorez-le avec de très fines lanières de zeste de citron.*

# Frozen yogurt
## AUX FRUITS ROUGES

**POUR 6 PERSONNES**

**PRÉPARATION : 5 MIN**

SHAKES - SHAKES - SHAKES - SHAKES - SHAKES - SHAKES

500 g de yaourt de type Fjord®
2 c. à s. de miel liquide
500 g de fruits rouges surgelés

Mettez le yaourt, le miel et la moitié des fruits surgelés dans le bol du blender. Mixez à vitesse maximale jusqu'à l'obtention d'un mélange lisse et homogène. Ajoutez progressivement le reste de fruits surgelés par le couvercle, sans arrêter le blender. Lorsque la préparation est à nouveau homogène, donnez quelques impulsions à forte vitesse pour bien la lisser.

Versez dans six verres et consommez sans attendre.

*Conseils :*

*Ce frozen yogurt, fait à partir de fruits surgelés, ne peut en aucun cas être congelé.*
*Il est possible d'utiliser une grande variété de fruits surgelés, tout dépend de vos envies.*

# Soupe de mangue
## À L'ORANGE

**POUR 4 À 6 PERSONNES**

**PRÉPARATION : 15 MIN**

SHAKES - SHAKES - SHAKES - SHAKES - SHAKES -

900 g de mangues
30 cl de jus d'orange
20 g de sucre

Épluchez les mangues. Coupez-en la moitié grossièrement et l'autre moitié en petits cubes réguliers.

Mettez le jus d'orange, les mangues coupées grossièrement et le sucre dans le bol du blender. Mixez à puissance maximale pendant 1 min 30.

Mettez les mangues coupées en dés dans un saladier et recouvrez-les de la soupe de mangue.

Servez froid.

# SOUPES & VELOUTÉS

SOUPES & VELOUTÉS - SOUPES & VELOUTÉS -

# GASPACHO
## TOMATE & PASTÈQUE

SOUPES & VELOUTÉS - SOUPES & VELOUTÉS - SOUPES & VELOUTÉS -

**POUR 4 PERSONNES**

**PRÉPARATION : 10 MIN**

500 g de tomates
300 g de pastèque
1/2 concombre
1 oignon rouge
10 cl d'huile d'olive
2 c. à s. de vinaigre blanc
ou de velours balsamique

Lavez les tomates, ôtez les pédoncules et épépinez-les. Ôtez les pépins de la pastèque et prélevez la chair. Épluchez le concombre et épépinez-le. Détaillez le tout en petits dés. Épluchez l'oignon et ciselez-le finement.

Mettez l'huile d'olive et le vinaigre blanc dans le bol du blender. Ajoutez les dés de tomates, de concombre et de pastèque ainsi que l'oignon ciselé. Actionnez le blender à petite vitesse d'abord, puis augmentez la vitesse peu à peu. Mixez jusqu'à l'obtention d'un mélange bien homogène.

Versez la soupe dans quatre bols. Si vous souhaitez une soupe très fraîche, vous pouvez ajouter des glaçons.

*Conseil :*
*Il est possible de réaliser ce gaspacho avec des tomates pelées en boîte de bonne qualité.*

Rue du Sentier
Rue de Cléry
Rue d'Aboukir
Rue Réaumur
Rue St. Denis
Bd de Sébastapol
Rue St. Martin
R de Renard
R. des Halles
Rue de la Cité
Bd de Palais
R d'Arcole
Place Georges Pompidou
CENTRE POMPIDOU
HÔTEL DE VILLE
Rue du Temple

# SOUPE CONCOMBRE
## YAOURT & CORIANDRE

SOUPES & VELOUTÉS - SOUPES & VELOUTÉS - SOUPES & VELOUTÉS -

**POUR 4 PERSONNES**

**PRÉPARATION : 10 MIN**

3 concombres
1 oignon doux
1/2 bouquet de coriandre
2 yaourts de type grec
10 cl d'huile d'olive
1 c. à c. de curry
Sel
Poivre

Épluchez les concombres, épépinez-les et détaillez-les en petits dés. Épluchez l'oignon et ciselez-le finement. Lavez et ciselez le demi-bouquet de coriandre. Réservez-en un tiers à part pour la décoration.

Mettez les yaourts et l'huile d'olive dans le bol du blender. Ajoutez les dés de concombre, les deux tiers de la coriandre ciselée, l'oignon et le curry. Salez et poivrez. Actionnez le blender à petite vitesse d'abord, puis augmentez la vitesse. Mixez pendant 2 min jusqu'à l'obtention d'un mélange homogène.

Versez la soupe dans quatre bols. Décorez avec le reste de coriandre ciselée.

*Conseil :*

*Pour une soupe plus liquide, ajoutez un yaourt supplémentaire.*
*Si vous souhaitez une soupe très fraîche, vous pouvez ajouter des glaçons.*

# SOUPE FROIDE
## POIVRON, TOMATE & BASILIC

SOUPES & VELOUTÉS - SOUPES & VELOUTÉS - SOUPES & VELOUTÉS -

**POUR 4 PERSONNES**

**PRÉPARATION : 10 MIN**

**CUISSON : 10 MIN**

4 poivrons rouges
4 tomates
1 gousse d'ail
1 bouquet de basilic
2 c. à s. d'huile d'olive
1 c. à c. de Tabasco®
1 c. à s. de crème fraîche
Sel
Poivre

Lavez les poivrons et les tomates, ôtez les pédoncules, épépinez-les et coupez-les en petits dés. Épluchez et hachez la gousse d'ail. Lavez et ciselez finement le basilic. Réservez-en la moitié à part pour la décoration.

Versez l'huile d'olive dans une poêle et faites-la chauffer à feu moyen. Ajoutez l'ail, les dés de tomates et de poivrons. Salez et poivrez. Ajoutez 25 cl d'eau et couvrez. Laissez cuire le tout pendant 10 min.

Transvasez le contenu de la poêle dans le bol du blender. Ajoutez le Tabasco®, la crème fraîche et la moitié du basilic ciselé. Actionnez le blender à petite vitesse d'abord, puis augmentez la vitesse. Mixez pendant 2 min 30 jusqu'à l'obtention d'un mélange homogène.

Versez la soupe dans quatre bols et décorez avec le reste de basilic ciselé.

*Conseil :*

***La crème n'est pas indispensable mais elle rend la soupe plus onctueuse. Elle peut être remplacée par de l'huile d'olive.***

# SOUPE FROIDE DE CAROTTE, CORIANDRE & CITRON

SOUPES & VELOUTÉS - SOUPES & VELOUTÉS - SOUPES & VELOUTÉS -

**POUR 4 PERSONNES**

**PRÉPARATION : 10 MIN**

**CUISSON : 25 MIN**

400 g de carottes
1 oignon
1/2 bouquet de coriandre frais
2 gousses d'ail
Le jus de 1 citron
1 c. à s. d'huile d'olive
60 cl d'eau
Sel

Épluchez les carottes et l'oignon, puis coupez-les en dés. Effeuillez la coriandre et épluchez l'ail. Pressez le citron pour en extraire le jus et réservez-le.

Faites chauffer un faitout à feu moyen et ajoutez 1 c. à s. d'huile d'olive. Ajoutez l'oignon, l'ail et les carottes. Faites revenir le tout pendant 5 min, puis ajoutez l'eau et laissez cuire 20 min à feu moyen.

Versez le contenu du faitout dans le bol du blender et ajoutez le jus de citron et le bouquet de coriandre. Activez le blender à petite vitesse, puis augmentez la vitesse. Mixez jusqu'à l'obtention d'une soupe bien homogène.

Répartissez la soupe dans quatre bols et servez-la tiède ou froide.

# SOUPE
## DE MELON

**POUR 4 PERSONNES**

**PRÉPARATION : 5 MIN**

SOUPES & VELOUTÉS - SOUPES & VELOUTÉS - SOUPES & VELOUTÉS -

700 g de melon
Le jus de 1 citron
5 cl de muscat

Coupez les melons en deux, ôtez les pépins et prélevez la chair en vous aidant d'une petite cuillère. Coupez le citron en deux et pressez-le afin d'en extraire le jus.

Mettez la chair des melons, le jus de citron et le muscat dans le bol du blender. Actionnez le blender à vitesse lente pendant 30 s puis augmentez progressivement la vitesse jusqu'à son maximum. Mixez alors pendant 2 min afin d'obtenir une texture lisse.

Répartissez dans quatre bols et servez.

*Conseil :*

*Au moment de servir, ajoutez des glaçons si vous souhaitez une soupe glacée.*

1904

# VELOUTÉ
## ASPERGE & CITRON

SOUPES & VELOUTÉS - SOUPES & VELOUTÉS - SOUPES & VELOUTÉS -

**POUR 4 PERSONNES**

**PRÉPARATION : 15 MIN**

**CUISSON : 8 MIN**

1/2 citron confit
500 g d'asperges vertes
10 cl de crème fraîche épaisse
Sel
Poivre

Détaillez le demi-citron confit en petits dés.

Faites chauffer une grande casserole d'eau. Quand l'eau bout, jetez-y les asperges et faites-les cuire pendant 8 min. À la fin de la cuisson, égouttez-les. Conservez 25 cl d'eau de cuisson, ainsi que quatre belles pointes d'asperge pour le dressage.

Versez l'eau de cuisson dans le bol du blender, ajoutez les asperges et le citron confit. Salez et poivrez. Actionnez le blender à petite vitesse, puis augmentez la vitesse progressivement. Mixez pendant 1 min 30 jusqu'à l'obtention d'un mélange homogène. Ajoutez alors la crème fraîche épaisse et mixez à nouveau pendant 30 s.

Versez la soupe dans quatre bols et déposez les pointes d'asperges sur le velouté.

*Conseils :*

*Le citron confit peut être remplacé par le jus de 1 citron ou encore par une branche de thym-citron. Si vous souhaitez une soupe très fraîche, vous pouvez ajouter des glaçons.*

# Mise en bouche
## À la salade « Caprese »



**POUR 4 PERSONNES**

**PRÉPARATION : 10 MIN**

**RÉFRIGÉRATION : 1 H AU MOINS**

4 belles tomates bien mûres
3 branches de basilic
15 cl d'eau minérale non gazeuse
3 c. à s. d'huile d'olive fruitée
4 mini boules de mozzarella
6 glaçons

Retirez la peau des tomates et ôtez le pédoncule. Coupez-les en deux, épépinez-les, puis taillez la pulpe en morceaux. Rincez le basilic, réservez 4 feuilles et ciselez les autres.

Mettez les glaçons dans le bol du blender et actionnez-le à forte vitesse pour obtenir de la glace pilée. Ajoutez ensuite les tomates, l'eau minérale, le basilic et l'huile d'olive. Mixez à forte vitesse quelques secondes, puis à vitesse maximale jusqu'à l'obtention d'un mélange homogène.

Réservez au moins 1 h au réfrigérateur.

Versez dans des petits verres. Déposez une boule de mozzarella sur chaque verre, avec une feuille de basilic.

*Conseils :*

*Préférez la mozzarella au lait de bufflonne. Les mini boules sont vendues en petites barquettes. À défaut, taillez 4 boules avec une cuillère à pommes parisiennes dans une grosse boule.*
*Si votre blender est équipé d'une fonction « Ice crush », utilisez-la pour broyer la glace plus facilement.*

# CRÈME DE POIS CHICHE AU YAOURT

SOUPES & VELOUTÉS - SOUPES & VELOUTÉS - SOUPES & VELOUTÉS -

**POUR 4 PERSONNES**

**PRÉPARATION : 5 MIN**

**CUISSON : 12 MIN**

200 g de pois chiches en boîte ou en bocal
1 gousse d'ail
1 c. à s. de tahin
50 g de yaourt type grec
1 c. à s. de jus de citron
Sel

Égouttez les pois chiches. Épluchez et dégermez la gousse d'ail, puis écrasez-la avec la paume de la main.

Mettez l'ail, les pois chiches et le tahin dans un faitout et salez. Faites cuire le tout à feu moyen pendant 12 min. Arrêtez alors la cuisson et versez la préparation dans le bol du blender. Ajoutez le yaourt et le jus de citron, puis mixez jusqu'à l'obtention d'une crème homogène.

Servez-la tiède ou froide sur des toasts à l'apéritif.

# TZATZIKI
## À BOIRE

**POUR 4 PERSONNES**

**PRÉPARATION : 15 MIN**

SOUPES & VELOUTÉS - SOUPES & VELOUTÉS - SOUPES & VELOUTÉS -

- 1 concombre
- 3 branches de menthe fraîche
- 2 gousses d'ail
- Le jus de 1 citron
- 2 yaourts grecs (300 g)
- 6 glaçons
- Sel
- Poivre

Lavez le concombre, coupez-le en quatre dans le sens de la longueur, retirez les graines avec une petite cuillère et détaillez la pulpe en petits morceaux. Lavez la menthe, retirez les tiges et hachez les feuilles. Réservez-en 3 c. à s. Pelez l'ail et hachez-le finement. Pressez le citron et filtrez son jus.

Mettez les glaçons dans le bol du blender, verrouillez le couvercle et mixez à forte vitesse pour les broyer.

Ajoutez ensuite le concombre, l'ail, les yaourts, la menthe, du sel, du poivre et enfin le jus de citron. Faites fonctionner l'appareil à vitesse moyenne par pulsions successives, puis passez à la vitesse maximale pour obtenir un mélange homogène.

Versez le tzatziki dans quatre verres, décorez de feuilles de menthe et servez bien frais avec du pain pita.

*Conseil :*

*Pour présenter ce tzatziki en « dip » à l'apéritif – avec des bâtonnets de légumes – faites la même préparation sans y mettre de glaçons.*
*Si votre blender est équipé d'une fonction « Ice crush », utilisez-la afin de broyer les glaçons plus facilement.*

# AJO
# BLANCO

**POUR 4 PERSONNES**

**PRÉPARATION : 5 MIN**

SOUPES & VELOUTÉS - SOUPES & VELOUTÉS - SOUPES & VELOUTÉS -

2 gousses d'ail
20 g de mie de pain
100 g de purée d'amande blanche
10 cl d'huile d'olive
1 dose de safran
70 cl de lait demi-écrémé
Sel

Placez les gousses d'ail, la mie de pain, la purée d'amande, l'huile d'olive, le safran, le sel et le lait dans le bol du blender. Mixez pendant 3 min afin d'obtenir une texture lisse.

Répartissez l'ajo blanco dans quatre bols et servez.

*Conseil :*

*Au moment de servir, ajoutez des glaçons si vous souhaitez une soupe glacée.*

# FÉROCE
## D'AVOCAT EN SOUPE GLACÉE

SOUPES & VELOUTÉS - SOUPES & VELOUTÉS - SOUPES & VELOUTÉS -

**POUR 4 À 6 PERSONNES**

**PRÉPARATION : 5 MIN**

3 avocats
1 gousse d'ail
Le jus de 1 citron vert
1 c. à s. de concentré de tomate
1 petit piment rouge
20 cl de lait de coco
20 cl d'eau
Sel

Coupez les avocats en deux, retirez le noyau et prélevez la chair. Pelez et dégermez la gousse d'ail. Pressez le citron vert afin d'en extraire le jus.

Mettez la chair d'avocat, la gousse d'ail, le concentré de tomate, le jus de citron et le piment dans le bol du blender. Ajoutez l'eau, le lait de coco et une pincée de sel.

Actionnez le blender à la vitesse la plus lente. Augmentez progressivement la vitesse jusqu'à atteindre la vitesse maximale et mixez pendant 2 min.

Servez immédiatement ou laissez la préparation au frais.

# GASPACHO

SOUPES & VELOUTÉS - SOUPES & VELOUTÉS - SOUPES & VELOUTÉS -

**POUR 4 PERSONNES**

**PRÉPARATION : 20 MIN**

**RÉFRIGÉRATION : 2 H**

**Soupe**

750 g de tomates
3/4 de concombre
1 poivron rouge
3 oignons nouveaux
3 gousses d'ail
60 g de pain au levain
1 c. à s. de vinaigre de xérès
Quelques gouttes de Tabasco®
3 c. à s. d'huile d'olive
8 c. à s. d'eau minérale

**Garniture**

1 tomate
1/2 poivron rouge
1 oignon nouveau
10 cm de concombre
1 c. à s. d'huile d'olive
1 c. à c. de jus de citron
Sel
Poivre

Pelez et épépinez les tomates, le concombre et le poivron rouge. Détaillez tous ces légumes en morceaux. Lavez les oignons nouveaux et coupez-les en lamelles fines. Pelez les gousses d'ail.

Versez la moitié des morceaux de légumes et des gousses d'ail dans le bol du blender. Ajoutez la moitié de tous les autres ingrédients. Salez légèrement et mixez par pulsions successives à vitesse assez forte, puis passez à la vitesse maximale et mixez jusqu'à l'obtention d'un mélange homogène.

Versez le contenu du blender dans un saladier, puis procédez de même avec le reste des ingrédients. Mélangez le tout, vérifiez l'assaisonnement, couvrez et réservez au réfrigérateur pendant au moins 2 h.

Peu de temps avant de servir, préparez la garniture : lavez la tomate et le demi-poivron. Pelez-les et coupez-les en petits dés. Épluchez l'oignon nouveau, hachez le bulbe et la partie tendre du vert. Pelez le concombre, coupez-le en deux, retirez les graines et coupez la pulpe en dés.

Réunissez 2 c. à c. de chaque légume préparé, mélangez-les avec 1 c. à s. d'huile et 1 c. à c. de jus de citron. Salez et poivrez. Remuez le gaspacho, répartissez-le dans des bols et déposez 1 c. à s. de garniture sur chacun.

# VELOUTÉ GLACÉ DE BETTERAVE

SOUPES & VELOUTÉS - SOUPES & VELOUTÉS - SOUPES & VELOUTÉS -

**POUR 8 PERSONNES**

**PRÉPARATION : 10 MIN**

**RÉFRIGÉRATION : 2 H**

800 g de betteraves cuites
1 concombre
1 oignon rouge
1 c. à s. de vinaigre de cidre
15 cl de bouillon de légumes
1 pomme granny-smith
15 cl de crème fleurette
Sel
Poivre

Pelez les betteraves et coupez-les en petits morceaux. Pelez le concombre, coupez-le en deux et retirez le centre avec une petite cuillère. Coupez-le en tronçons. Épluchez l'oignon rouge et coupez-le en morceaux.

Mettez les légumes préparés dans le bol du blender. Ajoutez le vinaigre de cidre et le bouillon de légumes. Verrouillez le couvercle, puis faites fonctionner l'appareil à vitesse moyenne quelques secondes. Passez à la vitesse maximale et mixez jusqu'à l'obtention d'un mélange homogène. Salez et poivrez. Laissez reposer 2 h au réfrigérateur.

Au moment de servir, pelez la pomme et coupez-la en petits dés ou en lamelles. Répartissez le velouté dans des verres, ajoutez la crème fleurette et décorez avec les dés ou les lamelles de pomme.

# Velouté glacé de poivron rouge rôti

SOUPES & VELOUTÉS - SOUPES & VELOUTÉS - SOUPES & VELOUTÉS -

**POUR 4 PERSONNES**

**PRÉPARATION : 10 MIN**

**CUISSON : 25 MIN**

**RÉFRIGÉRATION : 2 H**

3 poivrons rouges
6 gousses d'ail
1 c. à c. d'huile d'olive
1 c. à s. de vinaigre balsamique
2 c. à c. de sauce soja
10 cl de lait entier
Quelques feuilles de basilic

Allumez le gril du four. Posez les poivrons sur une plaque, glissez-la le plus près possible du gril et laissez les poivrons environ 20 min en les tournant régulièrement, jusqu'à ce que la peau se boursoufle et noircisse.

Mettez les gousses d'ail non pelées dans un petit plat allant au four, arrosez-les d'huile d'olive et versez un peu d'eau dans le fond du plat. Glissez le plat à côté des poivrons : au bout de 5 min la peau sera grillée et l'ail ramolli.

Retirez la peau, le pédoncule et les graines des poivrons, puis coupez-les en morceaux. Pelez l'ail.

Mettez les poivrons, l'ail, le vinaigre, la sauce soja et le lait dans le bol du blender. Verrouillez le couvercle et faites fonctionner l'appareil à vitesse maximale jusqu'à l'obtention d'un mélange homogène.

Versez le velouté dans une soupière et laissez-le reposer au moins 2 h au réfrigérateur. Servez-le bien froid, garni d'une feuille de basilic.

# SOUPE
## D'AUBERGINE À LA BRÉSILIENNE

SOUPES & VELOUTÉS - SOUPES & VELOUTÉS - SOUPES & VELOUTÉS -

**POUR 4 À 5 PERSONNES**

**PRÉPARATION : 20 MIN**

**CUISSON : 20 MIN**

1 grosse aubergine
2 grosses gousses d'ail
3 oignons verts
1 piment vert
1 c. à s. d'huile d'olive
250 g de tomates fraîches
1 l de bouillon de volaille
1/2 bouquet de coriandre
Sel

Coupez l'aubergine en deux et enlevez les pépins, puis détaillez-la en petits dés. Salez la chair et faites-la dégorger pendant une dizaine de minutes. Épluchez et hachez les gousses d'ail. Épluchez et ciselez les oignons. Épépinez le piment et coupez-le finement.

Dans un faitout, mettez l'huile d'olive et faites chauffer à feu doux. Ajoutez les oignons, l'ail et le piment puis faites revenir 5 min en remuant. Ajoutez les aubergines et les tomates et mélangez pendant 2 min. Ajoutez le bouillon, couvrez et faites cuire à feu moyen pendant 15 min. Transvasez le contenu du faitout dans le bol du blender et mixez à forte vitesse jusqu'à l'obtention d'un mélange lisse et homogène.

Répartissez la soupe dans des bols. Effeuillez la coriandre et saupoudrez-en la soupe au moment de servir.

*Conseil :*

*Attention à ne pas dépasser la limite indiquée sur le bol du blender : n'hésitez pas à mixer en plusieurs fois si nécessaire.*

# SOUPE DE MAÏS

**POUR 4 PERSONNES**

**PRÉPARATION : 15 MIN**

**CUISSON : 20 MIN**

450 g de maïs en conserve
30 cl d'eau
1 c. à c. de paprika fumé
30 cl de crème liquide à 12 % de m. g.
Sel
Poivre

Égouttez le maïs. Mettez l'eau, le maïs, le paprika fumé et le sel dans un faitout. Faites cuire le tout à feu moyen pendant 15 min environ. Ajoutez ensuite la crème et continuez la cuisson pendant 5 min.

Transvasez le contenu du faitout dans le bol du blender et mixez afin d'obtenir un mélange homogène. Assaisonnez et servez chaud.

*Conseil :*
*Si vous désirez un potage plus lisse, filtrez la préparation à l'aide d'une passoire.*

# VELOUTÉ D'HALLOWEEN

SOUPES & VELOUTÉS - SOUPES & VELOUTÉS - SOUPES & VELOUTÉS -

**POUR 4 PERSONNES**

**PRÉPARATION : 10 MIN**

**CUISSON : 25 MIN**

1 potiron de 650 g
120 g de blanc de poireau
30 g de céleri branche
1 c. à s. d'huile d'olive
1/2 cube de bouillon de légumes
70 cl d'eau
1/2 c. à c. de cannelle
Sel

Lavez le potiron et coupez-le en deux. Ôtez les graines et la peau, puis découpez la chair en morceaux. Lavez le blanc de poireau et le céleri branche et coupez-les en tronçons.

Faites chauffer un faitout à feu moyen et ajoutez l'huile d'olive. Faites revenir le potiron, le blanc de poireau et le céleri branche pendant 2 min et salez légèrement. Ajoutez le 1/2 cube de bouillon, l'eau et la cannelle et faites cuire pendant 25 min. Transvasez le tout dans le bol du blender et mixez jusqu'à l'obtention d'un mélange lisse et homogène.

Répartissez la soupe dans quatre bols et servez chaud.

*Conseil :*

*Attention à ne pas dépasser la limite indiquée sur le bol du blender. N'hésitez pas à mixer la préparation en plusieurs fois si nécessaire.*

happy
hallo

# VELOUTÉ DES BAYOUS

SOUPES & VELOUTÉS - SOUPES & VELOUTÉS - SOUPES & VELOUTÉS -

**POUR 4 PERSONNES**

**PRÉPARATION : 10 MIN**

**CUISSON : 20 MIN**

550 g de patates douces
2 petits oignons jaunes
3 gousses d'ail
75 cl d'eau
1 cube de bouillon de légumes
1/2 c. à c. de piment de Cayenne
1 c. à c. de cumin
Sel

Épluchez les patates douces et les oignons, puis coupez-les en petits cubes. Épluchez les gousses d'ail et écrasez-les avec la paume de la main.

Mettez les patates douces, les oignons, l'ail, l'eau, le cube de bouillon, le piment et le cumin dans une casserole. Salez légèrement. Faites chauffer à feu doux, couvrez et faites cuire pendant 20 min. À la fin de la cuisson, versez la préparation dans le bol du blender et mixez jusqu'à l'obtention d'un mélange homogène et bien lisse.

Répartissez dans quatre bols et servez chaud.

*Conseil :*

*Attention à ne pas dépasser la limite indiquée sur le bol du blender. N'hésitez pas à mixer la préparation en plusieurs fois si nécessaire.*

# SOUPE DE TOMATE
## COCO-CITRONNELLE

SOUPES & VELOUTÉS - SOUPES & VELOUTÉS - SOUPES & VELOUTÉS -

**POUR 4 PERSONNES**

**PRÉPARATION : 5 MIN**

**CUISSON : 15 MIN**

2 tiges de citronnelle
10 cl d'eau
600 g de tomates fraîches pelées
1/2 c. à c. de curry
20 cl de lait de coco
Sel
Poivre

Retirez les premières feuilles des tiges de citronnelle et coupez-les aux deux tiers afin de garder la partie tendre proche de la racine. Coupez les parties tendres ainsi obtenues le plus finement possible.

Mettez l'eau, les tomates, la citronnelle, le curry et le sel dans une casserole. Faites chauffer à feu vif jusqu'à ébullition. Couvrez, baissez le feu et faites cuire pendant 10 min. Ajoutez ensuite le lait de coco et continuez la cuisson pendant 5 min.

Versez la préparation dans le bol du blender et mixez afin d'obtenir une soupe homogène. Assaisonnez.

Répartissez-la dans quatre bols et servez chaud.

Thai

# TOM YAM
## DE POULET

SOUPES & VELOUTÉS - SOUPES & VELOUTÉS - SOUPES & VELOUTÉS -

**POUR 4 PERSONNES**

**PRÉPARATION : 15 MIN**

**CUISSON : 17 MIN**

200 g de blancs de poulet
150 de champignons de Paris
1 échalote
1 gousse d'ail
4 cm de gingembre
3 bâtons de citronnelle
Le jus de 1 citron vert
1 bouquet de coriandre
60 cl de bouillon de volaille
1 petit piment rouge frais
3 c. à s. de sauce de poisson ou Nuoc Mâm
20 cl de lait de coco
Sel

Coupez les escalopes de poulet en fines lanières. Lavez rapidement les champignons et émincez-les très finement. Épluchez l'échalote et la gousse d'ail et coupez-les le plus finement possible. Épluchez le gingembre et coupez-le en très fines lamelles. Détaillez la citronnelle en tronçons et pressez le citron vert afin d'en extraire le jus. Effeuillez le bouquet de coriandre.

Mettez le bouillon, l'ail, l'échalote, la citronnelle, le piment, le jus de citron vert, le gingembre et la sauce de poisson dans un faitout. Faites cuire le tout à feu moyen pendant 12 min. Ajoutez ensuite le poulet, les champignons et le lait de coco, puis faites cuire pendant 5 min.

À la fin de la cuisson, transvasez la préparation dans le bol du blender et mixez jusqu'à l'obtention d'un mélange homogène.

Servez très chaud dans quatre bols et parsemez de feuilles de coriandre.

*Conseil :*
*Il est possible de retirer la citronnelle si cette dernière ne vous paraît pas appétissante dans l'assiette.*

# VELOUTÉ
## DE CHOU-FLEUR AU GARAM MASALA

SOUPES & VELOUTÉS - SOUPES & VELOUTÉS - SOUPES & VELOUTÉS -

**POUR 4 PERSONNES**

**PRÉPARATION : 5 MIN**

**CUISSON : 20 MIN**

500 g de chou-fleur
100 g de carottes
2 gousses d'ail
1 c. à s. d'huile d'olive
1 c. à c. de garam masala
1 c. à c. de gingembre frais râpé
85 cl d'eau
Sel
Poivre

Lavez le chou-fleur et détaillez-le en petits morceaux. Épluchez les carottes et coupez-les en tronçons. Épluchez les gousses d'ail. Faites chauffer un faitout à feu moyen avec l'huile d'olive. Ajoutez les épices, l'ail et le gingembre.

Faites-les revenir pendant 2 min, puis ajoutez le chou-fleur et la carotte. Salez légèrement, ajoutez l'eau et faites cuire pendant 20 min. Versez le tout dans le bol du blender et mixez jusqu'à l'obtention d'un mélange homogène.

Répartissez dans quatre bols et servez chaud.

# VELOUTÉ
## DE LENTILLE CORAIL AU CURRY

SOUPES & VELOUTÉS - SOUPES & VELOUTÉS - SOUPES & VELOUTÉS -

**POUR 4 PERSONNES**

**PRÉPARATION : 10 MIN**

**CUISSON : 20 MIN**

100 g d'oignon
1 gousse d'ail
1 c. à s. d'huile d'olive
1 c. à s. de curry
1 c. à c. de coriandre en poudre
150 g de lentilles corail
90 cl d'eau
Sel
Poivre

Épluchez et coupez l'oignon en dés. Épluchez la gousse d'ail.

Dans une grande casserole, faites revenir l'ail et l'oignon dans l'huile d'olive pendant quelques minutes. Ajoutez le curry, la coriandre en poudre, les lentilles corail et l'eau. Portez à ébullition, couvrez, puis baissez le feu et faites cuire pendant 20 min. Versez la soupe dans le bol du blender et mixez jusqu'à ce qu'elle soit lisse et homogène.

Répartissez dans quatre bols et servez chaud.

*Conseil :*
*Attention à ne pas dépasser la limite indiquée sur le bol du blender. N'hésitez pas à mixer la préparation en plusieurs fois si nécessaire.*

HOTEL SIDDHARTH
RESTAURANT
UPSTDC LTD.
GHAZIPUR
MSS
METTUR

# SOUPE DE LÉGUMES DU SOLEIL À LA FETA

SOUPES & VELOUTÉS - SOUPES & VELOUTÉS - SOUPES & VELOUTÉS -

**POUR 4 PERSONNES**

**PRÉPARATION : 10 MIN**

**CUISSON : 20 MIN**

150 g de tomates
1 oignon
150 g de courgettes
100 g d'aubergine
100 g de poivron rouge
100 g de feta
1 c. à s. d'huile d'olive
70 cl d'eau
Sel
Poivre

Faites bouillir une casserole d'eau. Plongez-y les tomates pendant 1 min, égouttez-les puis pelez-les. Épluchez l'oignon et coupez-le en morceaux. Taillez les tomates, les courgettes, l'aubergine et le poivron rouge en petits dés. Égouttez et émiettez la feta.

Faites chauffer un faitout et faites revenir les oignons pendant 2 min dans l'huile d'olive. Ajoutez les courgettes, les tomates, les poivrons et les aubergines. Mélangez et ajoutez l'eau. Faites cuire le tout à feu doux pendant 20 min environ. Transvasez dans le bol du blender et ajoutez la feta. Mixez jusqu'à l'obtention d'un mélange homogène.

Répartissez dans quatre bols et servez chaud.

Nafpaktos
Domvrena
Xironomi
Ag. Nikolaos
Kalamaki

# VELOUTÉ D'ARTICHAUT DE L'ATLAS

SOUPES & VELOUTÉS - SOUPES & VELOUTÉS - SOUPES & VELOUTÉS -

**POUR 4 PERSONNES**

**PRÉPARATION : 5 MIN**

**CUISSON : 20 MIN**

1 gousse d'ail
250 g de pommes de terre
1/4 de citron confit
1 c. à c. de cumin
400 g de fonds d'artichaut
70 cl d'eau
1/2 bouquet de coriandre
Sel
Poivre

Épluchez la gousse d'ail et retirez le germe. Épluchez les pommes de terre et coupez-les en morceaux. Détaillez le citron confit en petits dés.

Dans un faitout, faites revenir à feu moyen l'ail, le citron confit, le cumin et le sel dans un filet d'huile d'olive. Ajoutez les pommes de terre et les fonds d'artichaut et faites cuire le tout pendant 5 min. Ajoutez l'eau, couvrez et laissez cuire 15 min à feu moyen. Versez le tout dans le bol du blender et mixez jusqu'à l'obtention d'un mélange homogène.

Ajoutez, juste avant de servir, le bouquet de coriandre ciselé et dégustez chaud.

# VELOUTÉ
## DE CALEBASSE AUX ÉPICES À PAËLLA

SOUPES & VELOUTÉS - SOUPES & VELOUTÉS - SOUPES & VELOUTÉS -

**POUR 4 PERSONNES**

**PRÉPARATION : 5 MIN**

**CUISSON : 25 MIN**

550 g de courge espagnole
1 branche de céleri
1 blanc de poireau
90 cl d'eau
1 c. à c. de piment de Cayenne
1 dose de filament de safran
Sel
Poivre

Coupez la courge en cubes et taillez le céleri branche et le blanc de poireau en tronçons.

Mettez l'eau, les cubes de courge, le poireau, le céleri et le piment de Cayenne dans une casserole. Salez légèrement, portez à ébullition et couvrez. Baissez le feu et faites cuire pendant 25 min environ. Versez le tout dans le bol du blender et mixez afin d'obtenir une texture bien lisse.

Servez le velouté dans quatre bols et dégustez-le chaud.

*Conseil :*

***Attention à ne pas dépasser la limite indiquée sur le bol du blender. N'hésitez pas à mixer la préparation en plusieurs fois si nécessaire.***

# SOUPE DE CAROTTE AU CUMIN ET À L'ORANGE

SOUPES & VELOUTÉS - SOUPES & VELOUTÉS - SOUPES & VELOUTÉS -

**POUR 4 PERSONNES**

**PRÉPARATION : 15 MIN**

**CUISSON : 20 MIN**

6 carottes (environ 500 g)
Le jus de 2 oranges
2 gousses d'ail
3 cm de gingembre frais
2 c. à s. d'huile d'olive
1 c. à c. de curcuma
2 c. à c. de graines de cumin
1 petit bouquet de coriandre
4 petits-suisses
Sel

Pelez les carottes, coupez-les en tronçons et plongez-les dans de l'eau bouillante salée. Laissez-les cuire 5 min, puis égouttez-les.

Pressez les oranges pour en récupérer le jus. Pelez l'ail et hachez-le. Pelez le gingembre et râpez-le finement pour en obtenir l'équivalent de 1 c. à c.

Faites chauffer l'huile d'olive dans une sauteuse à fond épais et faites revenir l'ail, le curcuma, le gingembre et la moitié du cumin pendant 1 min à feu moyen. Ajoutez les carottes et le jus des oranges et couvrez d'eau à hauteur. Portez à ébullition, couvrez et laissez cuire de 10 à 15 min.

Faites chauffer le reste du cumin à sec dans une poêle pendant 1 min. Lavez la coriandre, essorez-la et hachez les feuilles au couteau. Réservez le tout pour le dressage

Versez le contenu de la sauteuse dans le bol du blender et faites fonctionner l'appareil par pulsions successives quelques secondes, puis augmentez la vitesse. S'il manque du liquide, complétez avec un peu d'eau minérale.

Répartissez la soupe dans quatre assiettes creuses, parsemez de cumin et de coriandre hachée, puis déposez un petit-suisse au milieu. Servez sans attendre.

# SOUPE
## DE HARICOT NOIR « FAÇON CHILI »

SOUPES & VELOUTÉS - SOUPES & VELOUTÉS - SOUPES & VELOUTÉS -

**POUR 4 PERSONNES**

**PRÉPARATION : 25 MIN**

**CUISSON : 1 H 35**

**REPOS : 8 H - 12 H**

250 g de haricots noirs
2 oignons
2 gousses d'ail
100 g de tomates séchées à l'huile
2 c. à s. d'huile
1/2 boîte de tomates pelées
2 c. à c. d'épices à chili
1 c. à c. de cumin en poudre
300 g de bifteck haché
100 g de cheddar ou de mimolette
2 c. à s. de crème fraîche épaisse
Sel

Mettez les haricots dans un saladier, couvrez-les d'eau froide et laissez-les tremper de 8 h à 12 h.

Égouttez les haricots, mettez-les dans une casserole et couvrez d'eau. Portez à ébullition, puis couvrez la casserole et laissez cuire à petits frémissements pendant 1 h 30, jusqu'à ce qu'ils soient tendres. Salez 30 min avant la fin de la cuisson.

Épluchez les oignons et l'ail, coupez-les en lamelles, puis faites-les revenir dans une poêle avec l'huile. Quand ils commencent à devenir transparents, ajoutez les tomates séchées et le contenu de la boîte de tomates. Saupoudrez de chili et de cumin. Laissez chauffer encore 1 min puis ajoutez la viande. Faites-la dorer en remuant et en l'écrasant à la fourchette, puis laissez cuire 20 min environ.

Versez le contenu de la casserole et de la poêle dans le bol du blender et mixez par pulsions successives à vitesse moyenne. Passez à la vitesse maximale et mixez jusqu'à l'obtention d'une soupe épaisse.

Râpez le fromage. Répartissez la soupe dans quatre assiettes, ajoutez 1 c. à c. de crème dans chacune d'elles et saupoudrez de fromage râpé.

# SOUPE DE ROQUETTE AUX CHIPS DE PARMESAN

SOUPES & VELOUTÉS

**POUR 4 PERSONNES**

**PRÉPARATION : 15 MIN**

**CUISSON : 25 MIN**

600 g de pommes de terre
1 oignon
300 g de roquette
2 c. à s. d'huile d'olive
1 l de bouillon de légumes
100 g de parmesan râpé
Sel
Poivre

Épluchez les pommes de terre, lavez-les et coupez-les en morceaux. Pelez l'oignon et coupez-le en lamelles. Lavez la roquette et égouttez-la.

Mettez l'huile à chauffer dans le fond d'une casserole et faites-y revenir l'oignon jusqu'à ce qu'il soit transparent. Ajoutez ensuite les pommes de terre et le bouillon. Portez à ébullition, couvrez, puis baissez le feu et laissez cuire environ 15 min, jusqu'à ce que les pommes de terre soient tendres. Ajoutez les feuilles de roquette et poursuivez la cuisson 2 min. Salez et poivrez.

Versez le contenu de la casserole dans le bol du blender. Mixez à vitesse moyenne par pulsions successives, puis passez à la vitesse maximale jusqu'à ce que le mélange soit homogène.

Préchauffez le four à 220 °C (th. 7). Sur la plaque du four recouverte de papier cuisson, déposez le parmesan en 4 petits tas, puis étalez-les très légèrement. Laissez cuire 1 à 2 min. Décollez les chips de parmesan avec une spatule. Servez la soupe avec les chips de parmesan.

*Conseil :*
*Mixez la soupe en deux fois si nécessaire.*

# SOUPE
## DE TARBAIS AU LARD FUMÉ

SOUPES & VELOUTÉS - SOUPES & VELOUTÉS - SOUPES & VELOUTÉS -

**POUR 4 PERSONNES**

**TREMPAGE : 8 H - 12 H**

**PRÉPARATION : 20 MIN**

**CUISSON : 1 H 45**

250 g de haricots tarbais
1 poireau
1 petite branche de céleri
20 g de beurre
1 tomate
3 branches de thym frais
1,5 l de bouillon de volaille
8 tranches fines de lard fumé
Piment d'Espelette
Sel
Poivre

Mettez les haricots dans un saladier, couvrez-les largement d'eau froide et laissez-les tremper de 8 h à 12 h.

Le lendemain, épluchez le poireau et le céleri et coupez-les en lamelles. Faites revenir le poireau 2 min dans le beurre, ajoutez le céleri et laissez fondre pendant 10 min.

Égouttez les haricots, mettez-les dans un faitout avec les légumes fondus, la tomate et le thym. Ajoutez le bouillon. Portez à ébullition, couvrez et laissez cuire 1 h 30, jusqu'à ce que les haricots soient bien tendres.

À la fin de la cuisson, ôtez le thym, puis versez la moitié du contenu du faitout dans le bol du blender. Mixez à vitesse moyenne, puis augmentez la vitesse. Débarrassez la préparation dans une casserole. Versez le reste du contenu du faitout dans le bol blender et procédez de la même façon. Vérifiez l'assaisonnement et faites réchauffer la soupe à feu doux.

Faites griller le lard 1 min par face dans une poêle. Répartissez la soupe bien chaude dans quatre assiettes creuses. Déposez 2 tranches de lard sur chacune d'elles et saupoudrez d'un peu de piment d'Espelette.

# VELOUTÉ
## DE CHAMPIGNONS AUX RAVIOLES

SOUPES & VELOUTÉS - SOUPES & VELOUTÉS - SOUPES & VELOUTÉS -

**POUR 4 PERSONNES**

**PRÉPARATION : 20 MIN**

**CUISSON : 20 MIN**

600 g de champignons mélangés (girolles, pleurotes, chanterelles, trompettes, cèpes…) ou un mélange surgelé
3 gousses d'ail
3 échalotes
20 g de beurre
1 pincée de noix de muscade
30 cl de lait
30 cl de bouillon de volaille ou de légumes
20 cl de crème liquide entière
15 cl d'huile pour friture
200 g de ravioles du Royans
5 brins de ciboulette
Sel
Poivre

Nettoyez les champignons sans les laisser tremper. Coupez-les en morceaux. Épluchez et hachez l'ail et les échalotes.

Dans une casserole à fond épais, faites fondre le beurre avec l'ail et les échalotes à feu doux pendant 3 min, en remuant. Ajoutez ensuite les champignons et faites-les revenir pendant 3 ou 4 min à feu vif. Salez, poivrez et ajoutez la noix de muscade. Versez le lait et le bouillon, portez à ébullition, puis baissez le feu et laissez frémir 10 min.

Débarrassez le contenu de la casserole dans le bol du blender et faites fonctionner l'appareil à forte vitesse. Reversez la soupe dans la casserole et faites-la réchauffer. Incorporez la crème et laissez cuire 2 min.

Faites chauffer l'huile dans une poêle et ajoutez les ravioles. Laissez-les dorer de 1 à 2 min de chaque côté. Versez le velouté dans quatre bols. Lavez la ciboulette, coupez-la et parsemez-en le velouté. Ajoutez les ravioles et servez.

*Conseil :*

*Si l'ail n'est pas nouveau, retirez le germe. N'hésitez pas à mixer la préparation en plusieurs fois si nécessaire.*

# VELOUTÉ DE PATATE DOUCE AU CURRY

SOUPES & VELOUTÉS - SOUPES & VELOUTÉS - SOUPES & VELOUTÉS -

**POUR 4 PERSONNES**

**PRÉPARATION : 10 MIN**

**CUISSON : 15 MIN**

2 patates douces (environ 800 g)
10 cl de lait
30 g de noix de coco râpée
20 cl de bouillon de volaille ou de légumes
1 c. à s. de chutney à la mangue
1 c. à c. de curry
Le jus de 1/2 citron
10 cl de crème liquide entière
30 g de noisettes hachées ou de noix de cajou
Sel
Poivre

Pelez les patates douces, détaillez-les en petits morceaux et mettez-les dans une casserole. Couvrez d'eau, salez et laissez cuire 15 min environ, jusqu'à ce que les patates soient tendres. Égouttez-les.

Versez le lait dans une autre casserole, ajoutez la noix de coco et faites chauffer jusqu'à ce que le liquide frémisse, sans jamais le laisser bouillir.

Versez le lait coco dans le bol du blender, puis ajoutez le bouillon, le chutney, le curry et le jus de citron. Verrouillez le couvercle et faites fonctionner l'appareil à forte vitesse pour obtenir un mélange homogène. Ajoutez alors les patates douces et mixez à vitesse maximale. Vérifiez l'assaisonnement.

Au moment de servir, faites réchauffer la soupe et répartissez-la dans quatre assiettes creuses. Ajoutez un nuage de crème liquide et parsemez de noisettes hachées.

# VELOUTÉ DE PETIT POIS & LAITUE

SOUPES & VELOUTÉS - SOUPES & VELOUTÉS - SOUPES & VELOUTÉS -

**POUR 4 PERSONNES**

**PRÉPARATION : 30 MIN**

**CUISSON : 25 MIN**

2 kg de petits pois frais
1 poireau
3 oignons nouveaux ou 1 oignon blanc
1 gousse d'ail
1 petite laitue
6 branches de menthe
2 c. à s. d'huile d'olive
1 l de bouillon de légumes
15 cl de crème liquide
2 c. à s. de parmesan râpé
Sel

Écossez les petits pois. Épluchez le poireau, lavez-le et coupez-le en fines lamelles. Pelez les oignons, coupez-les également en lamelles. Pelez l'ail et hachez-le. Épluchez la laitue, lavez-la, essorez-la et coupez-la en lanières. Rincez la menthe et effeuillez-la.

Dans une grande casserole, faites revenir le poireau, les oignons et l'ail dans l'huile d'olive jusqu'à ce que le poireau soit ramolli. Ajoutez le bouillon, la laitue et les petits pois. Portez à ébullition, couvrez, puis réduisez le feu et laissez cuire environ 15 min, jusqu'à ce que les petits pois soient tendres. Retirez la casserole du feu et ajoutez les feuilles de menthe.

Versez le contenu de la casserole dans le bol du blender. Mixez à vitesse maximale jusqu'à l'obtention d'un mélange homogène. Vérifiez l'assaisonnement, ajoutez la crème et le parmesan râpé, puis répartissez dans quatre bols.

*Conseil*

*Pour ne pas dépasser la capacité du blender, mixez la soupe en deux fois.*

# Tableau de saisonnalité
## des fruits

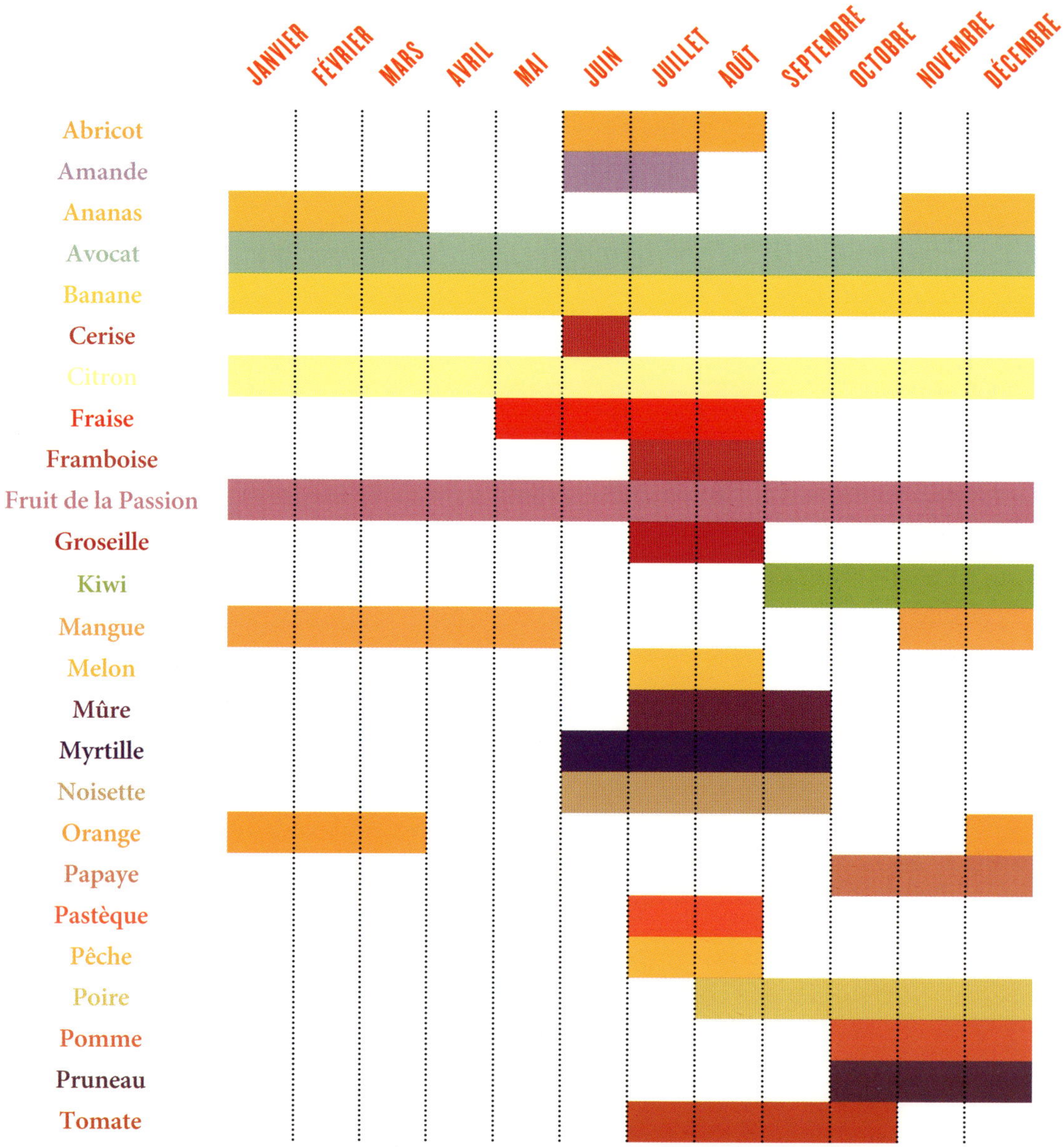

# Tableau de saisonnalité
## des légumes & aromates

| | JANVIER | FÉVRIER | MARS | AVRIL | MAI | JUIN | JUILLET | AOÛT | SEPTEMBRE | OCTOBRE | NOVEMBRE | DÉCEMBRE |
|---|---|---|---|---|---|---|---|---|---|---|---|---|
| Ail | X | X | X | X | X | X | X | X | X | X | X | X |
| Artichaut | | | | | X | X | X | X | X | X | | |
| Asperge verte | | | | X | X | | | | | | | |
| Aubergine | | | | | | X | X | X | X | | | |
| Basilic | | | | | | X | X | X | | | | |
| Betterave | | | | | | X | X | X | X | X | X | |
| Carotte | X | X | X | X | X | X | X | X | X | X | X | X |
| Céleri | | | | | | | | | X | X | | |
| Chou-fleur | X | X | X | X | X | | | | X | X | X | X |
| Concombre | | | | | | X | | | | | | |
| Courgette | | | | | | X | X | X | X | X | | |
| Laitue | | | | | X | X | X | X | X | | | |
| Maïs | | | | | | | X | X | X | X | | |
| Menthe | | | X | X | X | X | X | X | X | | | |
| Oignon | X | X | X | X | X | X | X | X | X | X | X | X |
| Persil | | | X | X | X | X | X | X | X | | | |
| Petit pois | | | | | X | X | | | | | | |
| Piment | | | | | | | X | X | X | X | | |
| Poireau | | | | | | | X | X | X | X | X | |
| Pois chiche | X | X | X | X | X | X | X | X | X | X | X | X |
| Poivron | | | | | | X | X | X | X | X | X | |
| Pomme de terre | | | | | | X | X | X | X | X | X | |
| Potiron | | | | | | | | | | X | X | X |
| Roquette | | | | | X | X | X | X | | | | |
| Thym | | | | X | X | X | X | X | X | | | |

04 COCKTAILS



56 JUS & SMOOTHIES

## 94 Shakes



## 146 Soupes & veloutés

# Index des produits

**DIRECTEUR DE COLLECTION**
Emmanuel Jirou-Najou

**RESPONSABLE ÉDITORIALE**
Alice Gouget

**ÉDITRICE**
Jessica Rostain

**AUTEURS DES RECETTES**
Thierry Hernandez, Catherine Madani

**PHOTOGRAPHIES**
Rina Nurra, Françoise Nicol

**STYLISME**
Lissa Streeter

**CONCEPTION MAQUETTE**
Soins Graphiques

**MISE EN PAGE ET PHOTOGRAVURE**
Nord Compo

Imprimé en C. E.
Dépôt légal 1er trimestre 2015

ISBN : 978-2-84123-734-0

L'abus d'alcool est dangereux pour la santé,
à consommer avec modération.


LEC
84, avenue Victor Cresson
92130 Issy-les-Moulineaux

Thai

# DÉCOUVREZ NOS **APPLICATIONS** SUR L'APPSTORE

▶ **Ducasse,**
**Mon Grand Livre de Cuisine**
250 **recettes**,
180 fiches **produits**
100 bases et techniques en **vidéo**

---

▶ **Collection Best Of**
Apprenez à réaliser les plats emblématiques des plus **grands chefs** cuisiniers et pâtissiers

Disponible dans l'App Store

Déjà disponible sur **iPad**.
Bientôt sur **iPhone**, **tablettes** et **smartphones Androïd**.